# STORIES *from*

# PUERTO RICO

---

# HISTORIAS *de*

# PUERTO RICO

SIDE BY SIDE BILINGUAL BOOKS

# STORIES from
# PUERTO
# RICO

## HISTORIAS de
# PUERTO
# RICO

**Robert L. Muckley • Adela Martinez-Santiago**

New York  Chicago  San Francisco  Lisbon  London  Madrid  Mexico City
Milan  New Delhi  San Juan  Seoul  Singapore  Sydney  Toronto

**Library of Congress Cataloging-in-Publication Data**

Leyendas de Puerto Rico. English & Spanish
    Stories from Puerto Rico = Historias de Puerto Rico / [selected] by: Robert
Muckley and Adela Martinez-Santiago.
        p.   cm. — (Side by side bilingual books)
        ISBN 0-07-170175-3
        1. Spanish language—Readers—Legends.    2. Legends—Puerto Rico.
I. Muckley, Robert L.    II. Martinez-Santiago, Adela.    III. Title.    IV. Title:
Historias de Puerto Rico.

PC4127.L4L413    2009
468.6'421—dc22                            2009047865

  2 3 4 5 6 7 8 9 10 11 12 13 14 15 16   QFR/QFR   1 9 8 7 6 5 4 3 2

ISBN 978-0-07-170175-4
MHID     0-07-170-175-3

Illustrated by Yoshi Miyake

The publisher wishes to thank Judy Veramendi for her contributions to this edition.

McGraw-Hill books are available at special quantity discounts to use as premiums and
sales promotions or for use in corporate training programs. To contact a representative,
please e-mail us at bulksales@mcgraw-hill.com.

**Bonus Audio Downloads**

Audio recordings can be obtained from mhprofessional.com for the following titles:

*Stories from Latin America/Historias de Latinoamérica*
*Stories from Mexico/Historias de México*
*Stories from Puerto Rico/Historias de Puerto Rico*
*Stories from Spain/ Historias de España*

Simply follow these easy steps:

1. Go to mhprofessional.com.
2. Search for *Stories from Puerto Rico/Historias de Puerto Rico*
3. Locate "Downloads" underneath the book's cover image.
4. Select story link to listen and/or download.

Puerto Rico

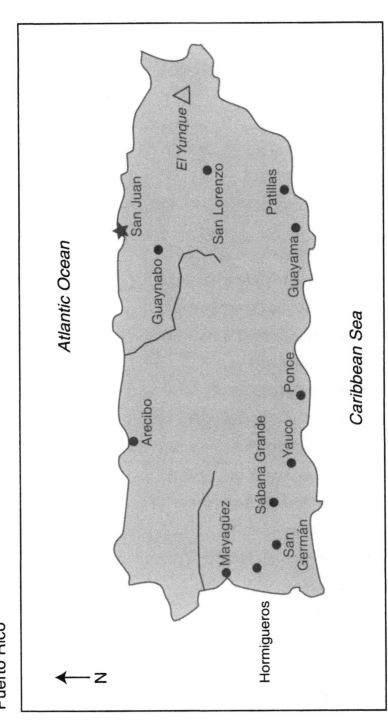

# Contents

# Contenido

# Preface

SIDE BY SIDE BILINGUAL BOOKS introduce readers to engaging stories in a bilingual format, in which both versions of the text appear side by side on facing pages.

*Stories from Puerto Rico/Historias de Puerto Rico* explores the rich folk legacy of Puerto Rico. The eighteen legends in this collection are arranged in chronological order, with the exception of the last two legends, which are timeless. Relevant dates, where appropriate, appear next to the legend titles in the Table of Contents. The legends include a tale about creation, as well as stories from the Spanish colonial period and from the twentieth century. The cast of characters includes talking animals, indigenous peoples, conquistadors, spiritual beings, and extraterrestrials. There is also an appendix that describes the Tainos, Puerto Rico's early inhabitants.

The legends are presented in accessible language in both English and Spanish so readers may gain valuable reading skills in their new language while at the same time enjoying the support of their native language. Comprehension may be checked in either language by comparing the two versions of the story, or by referring to the bilingual vocabulary list at the end of the book.

It is our hope that readers will enjoy these captivating tales as they explore the rich cultural heritage of Puerto Rico.

# Prólogo

SIDE BY SIDE BILINGUAL BOOKS ofrece a los lectores unas simpáticas historias bilingües, en las cuales las dos versiones del cuento aparecen lado a lado en páginas opuestas.

*Stories from Puerto Rico/Historias de Puerto Rico* explora la rica tradición folklórica de la Isla. Las dieciocho leyendas están en orden cronológico, con excepción de las dos últimas leyendas, que son eternas. Las fechas relevantes de las leyendas, donde procedan, aparecen al lado del título de la leyenda en el índice. Las leyendas incluyen un relato sobre la creación e historias del período colonial y hasta del siglo XX. Entre los personajes figuran animales que hablan, gente indígena, conquistadores, seres espirituales y extraterrestres. También hay un apéndice que describe a los taínos, que se cuentan entre los primeros habitantes de Puerto Rico.

Hemos publicado las leyendas de forma fácilmente comprensible en inglés y español para que los lectores puedan mejorar su habilidad para leer en su nuevo idioma, mientras siguen gozando del apoyo de su idioma materno. Es posible comprobar el grado de entendimiento comparando las dos versiones de la historia, y por medio de la lista bilingüe de vocabulario al final del libro.

Es nuestro deseo que los lectores disfruten de estas historias encantadoras mientras exploran la rica tradición cultural de Puerto Rico.

# Creation

When the Spaniards arrived in Puerto Rico, they found Indians called Tainos. The Tainos had their own culture, their own language, and their own traditions. They also had enemies: the Caribs, a tribe from South America. The Caribs had occupied other islands southeast of Puerto Rico and they were beginning to invade Puerto Rico also.

This legend has to do with one of the beliefs of the Tainos. The Appendix on page 134 provides more details about the Taino culture.[1]

# La creación

Cuando llegaron los españoles a Puerto Rico, encontraron indios que se llamaban taínos. Los taínos tenían su propia cultura, su propio idioma y sus propias tradiciones. Y tenían también enemigos. Éstos eran los caribes, otra tribu que venía de la América del Sur. Los caribes habían ocupado otras islas al sureste de Puerto Rico y empezaban a invadir a Puerto Rico mismo.

Aquí presentamos algunas de las creencias de los taínos. El apéndice en la página 135 da más detalles sobre la cultura de los taínos.[1]

---

[1] We also recommend *Canto al Cemí* by Sadí Orsini Luiggi, which has served as a source of information for much of the material in this legend.

[1] Recomendamos también *Canto al Cemí* por Sadí Orsini Luiggi, una obra que ha servido como fuente de información para mucho del contenido de esta leyenda.

*I*n the beginning, Atabei created the heavens, the Earth, and other celestial bodies.

Atabei had always existed. Atabei was the original mother. Atabei was the powerful creator.

But there was no life. There was no light. Everything existed as in a deep sleep. And so it was for a long time.

Atabei finally realized that something was missing. She had two sons whom she crafted out of magical, invisible elements. The two sons were named Yucajú and Guacar. Yucajú was preoccupied with the absence of light and life. Atabei was content because Yucajú could now finish what she had started.

And Yucajú created the sun and the moon to illuminate the earth. He took precious stones from the earth and placed them in the sky. These stones helped the moon illuminate the night. The earth was fertile, and from it grew plants and trees. Yucajú then created animals and birds to live among the plants and trees.

Then Yucajú decided to create something new, something different, a cross between an animal and a god. In this way, the first man and soul, or *jupía*, was created. He called the first man Locuo. Locuo was happy on earth, with all the beauty that surrounded him. He knelt before Yucajú to offer thanks.

Guacar looked with envy at all his brother had created. He stole away to a secluded place and did nothing for awhile. But his envy overcame him, and he began to taint the creations of his brother. He changed his name, becoming the terrible god of evil, Juracán. Juracán carried the winds. Sometimes he carried them with such force that they destroyed what Yucajú had created. He uprooted trees and killed animals. Locuo's happiness turned to fear. He could no longer enjoy the beauty of nature.

In addition to sending powerful winds, Juracán made the earth tremble. This was one of his favorite games. During one of the most powerful quakes, the American continent divided in two. That is how the Antilles[2] came to be.

---

[2]A group of islands in the West Indies to which Puerto Rico belongs.

En el principio Atabei creó el cielo, la tierra y los otros cuerpos celestes.

Atabei siempre había existido. Atabei era la madre original. Atabei era la gran fuerza creadora.

Pero no había vida. No había luz. Todo estaba como en un profundo sueño. Y durante mucho tiempo todo continuó así.

Pero Atabei por fin se dio cuenta de que algo faltaba. Y tuvo dos hijos que formó de elementos mágicos e invisibles del espacio. Los dos hijos se llamaron Yucajú y Guacar. Y Yucajú se preocupó porque no había luz ni vida en la creación. Atabei estaba contenta porque Yucajú podía ahora terminar su obra.

Y Yucajú creó el sol y la luna para alumbrar la tierra. Tomó piedras preciosas de la tierra y las puso en el cielo. Y estas piedras ayudaron a la luna a alumbrar de noche. La tierra fue fértil y en ella crecieron plantas y árboles. Yucajú creó entonces animales y pájaros para vivir entre las plantas y los árboles.

Entonces Yucajú decidió crear algo nuevo, algo diferente, algo entre un animal y un dios. Y así formó el primer hombre y la primera alma, o *jupía*. Y llamó al primer hombre Locuo. Locuo se sintió contento en la tierra, feliz entre tanta belleza. Y se arrodilló para dar gracias a Yucajú.

Guacar vio con envidia toda la obra de su hermano. Se fue a un lugar oculto y durante un tiempo no hizo nada. Pero no pudo soportar la envidia y empezó a hacerle daños a la obra de Yucajú. Y cambió de nombre, convirtiéndose en el terrible dios del mal, Juracán.

Juracán movía los vientos. A veces los movía con tanta fuerza que destruían la obra de Yucajú. Arrancaba los árboles y mataba a los animales. Locuo ya no se sentía tan contento, pues tenía miedo. Ya no podía gozar tanto de las bellezas de la tierra.

Además de enviar vientos fuertes, Juracán hacía temblar la tierra. Esto era uno de sus juegos favoritos. En uno de los temblores más fuertes dividió el continente americano. Así se formaron las Antillas.[2]

---

[2]Un archipiélago en el Caribe, al que pertenece la isla de Puerto Rico.

But Locuo continued living on the earth, and Yucajú created other gods to help him. Locuo learned to create images of these gods, which he called *cemíes*.[3] Yucajú presented Locuo with fire, and he learned to cook his own food. He learned to make cassava from yucca.[4] But Locuo lived alone on earth. One day, inspired by so much natural beauty, he pried open his belly button and gave way to two beings in his likeness: a man and a woman. The man was named Guaguyona, and the woman Yaya. The descendants of these two people populated the earth.

But the descendants of Guaguyona and Yaya suffered immensely with the floods and strong winds that Juracán sent. And he sent *maboyas*,[5] or evil spirits, that caused problems in the lives of the people. The *maboyas* destroyed the canoes in the river, threw stones upon homes, and hid the ball with which people were playing. They also brought illness and strife to the people.

That is how the Tainos explained natural phenomena and the origin of good and evil. The Caribs,[6] who arrived from islands southeast of Puerto Rico, were evil. They were fierce warriors who destroyed entire villages and kidnapped the women. The Caribs were considered messengers of Juracán.

And if Juracán sent the Caribs, perhaps Yucajú sent good people to help expel the Caribs.

Therefore, when the Spaniards arrived in Puerto Rico, the Tainos no doubt thought that they were sent by Yucajú.

They were wrong.

---

[3] Cone-shaped idols associated with the Taino culture. See also the Appendix.
[4] *Cassava* was the bread made from yucca, a potato-like tuber that was extremely important in the Taino diet. See also the Appendix.
[5] See the Appendix.
[6] Another Indian tribe. See the Appendix.

Pero Locuo continuó viviendo en la tierra y Yucajú creó otros dioses para ayudarlo. Locuo aprendió a hacer imágenes de estos dioses que él llamaba cemíes.[3] Y Yucajú le dio a Locuo el fuego y así aprendió a cocinar sus comidas. Aprendió a hacer el casabe de la yuca.[4] Pero Locuo vivía solo en la tierra. Un día, se sintió inspirado de tanta belleza que había en la naturaleza, y se abrió el ombligo, dando paso a dos criaturas que eran como él. Eran un hombre y una mujer. El hombre se llamó Guaguyona, y la mujer Yaya. Y los hijos y nietos de Guaguyona y Yaya poblaron la tierra.

Pero los descendientes de Guaguyona y Yaya sufrieron mucho porque Juracán mandaba inundaciones y vientos fuertes. Y mandaba maboyas[5] o espíritus malos, que causaban problemas en la vida diaria de los hombres. Las maboyas rompían las canoas en el río, tiraban piedras sobre las casas, y escondían la pelota con que se jugaba. Y causaban también enfermedades y problemas entre los hombres.

Así se explicaron los taínos los fenómenos de la naturaleza y el origen del bien y del mal. Los caribes,[6] que llegaron desde otras islas al sureste de Puerto Rico, eran malos. Eran feroces guerreros que en sus ataques destrozaban las aldeas taínas y se llevaban a las mujeres. Los taínos los consideraban agentes de Juracán.

Y si Juracán mandaba a los caribes, tal vez Yucajú mandaría gente buena para ayudar a rechazar a los caribes.

Así, cuando llegaron los españoles a Puerto Rico, los taínos sin duda pensaron que éstos eran los que Yucajú mandaba.

Y se equivocaron.

---

[3] Ídolos en forma de cono que están relacionados con la cultura taína. Véase el apéndice.
[4] Un tipo de pan hecho de la yuca, que era una parte importante de la dieta de los taínos. Véase el apéndice.
[5] Véase el apéndice.
[6] Otra tribu indígena. Véase el apéndice.

# The Death of Salcedo

The story of the death of Salcedo is one of the most widely known in the history of Puerto Rico. It appears in all the history books, and the famous playwright, René Marqués, uses it in his story *Tres hombres junto al río.*

# La muerte de Salcedo

El relato de la muerte de Salcedo es uno de los más conocidos de la historia de Puerto Rico. Se encuentra en todos los textos de historia y el famoso autor y dramaturgo, René Marqués, lo usa como tema en su cuento "Tres hombres junto al río".

*T*he Boriquen chiefs had gathered to discuss the bad treatment they received at the hands of the Spaniards. Agüeybana, the head chief of Boriquen and friend of the Spaniards, had died. His nephew, Guaybana, had taken his place. Guaybana began the discussion like this:

"Brothers, the time has come to fight. We welcomed the white men as friends, and they make us into slaves. It is time to regain our freedom."

"I understand your attitude, Guaybana. But you must learn to accept your destiny. We must respect the gods.[1] We must accept what they want for us."

"I would rather die than be a slave, Mabodamaca. You may be right, but I cannot and will not accept this situation. We must fight, even if it's against the gods!"

"That's the way to talk, Guarionex!" answered Guaybana. "Besides, who says they're gods? They themselves never said it. We say it and they don't deny it. It's to their advantage. That way they enslave us easily. True, we've never seen them die, but they've only been among us three years."

"They have assured me that they are immortal. And we know that their great Yucajú[2] had a son who had supposedly died, but he came back to life after three days. He was a god of love; he loved even his enemies. How different from them! You know how they stole my property."

"We all understand your anger, Mabó. We are all suffering," answered Guaybana.

"Yes, I was the first to show their chief that yellow metal they covet, and for which they make us suffer so much," said Chief Guaraca bitterly.

The old chief Urayoán listened without saying a word. He did not share in the violent attitude of some nor the resignation of others. When he finally did speak, he did so calmly but firmly.

---

[1] The Indians believed the Spaniards were gods, therefore immortal.
[2] Taino word for the Great Spirit: God. See also the Appendix.

*L*os caciques de Boriquén estaban reunidos. Venían a discutir el mal trato que recibían los indios de los españoles. Agüeybana, el cacique principal de Boriquén y amigo de los españoles, había muerto. Su sobrino Guaybana había heredado su lugar. Guaybana inició la reunión hablando así:

—Hermanos, es hora de pelear. Recibimos a los hombres blancos como amigos y ellos nos hacen esclavos. Es hora de recobrar nuestra libertad.

—Comprendo su actitud, Guaybana. Pero usted tiene que aprender a aceptar el destino. Hay que respetar a los dioses.[1] Tenemos que aceptar lo que ellos quieren para nosotros.

—Prefiero morir antes que aceptar la esclavitud, Mabodamaca. Es posible que usted tenga razón. Pero yo no puedo ni quiero aceptar esta situación. ¡Luchemos, aunque sea contra los dioses!

—¡Así se habla, Guarionex! —contestó Guaybana—. Y al fin, ¿quién dice que son dioses? Ellos mismos nunca lo dijeron. Nosotros lo decimos y ellos no lo niegan. Así les conviene. Así nos hacen esclavos más fácilmente. Es cierto que no los vemos morir, pero sólo llevan tres años entre nosotros.

—Ellos me aseguran a mí que son inmortales. Y sabemos que creen que el gran Yucajú[2] de ellos tenía un hijo que pareció morir, pero a los tres días volvió a vivir. Un dios de amor, que amaba hasta a sus enemigos. ¡Qué distinto de ellos! Ya saben ustedes cómo me quitaron mis propiedades.

—Todos comprendemos su enojo, Mabó. Pero todos estamos sufriendo —contestó Guaybana.

—Sí, creo que fui yo el primero en mostrarle al jefe de ellos ese metal amarillo que quieren tanto, y por el cual nos hacen tanto sufrir —dijo con amargura el cacique Guaraca.

El viejo cacique Urayoán escuchaba sin hablar. No compartía ni la actitud violenta de unos ni la resignación de otros. Cuando por fin se puso a hablar, era con calma pero con firmeza.

---

[1] Los indígenas creían que los españoles eran dioses, y que eran, por eso, inmortales.
[2] Palabra taína que significa "Gran Espíritu". Véase también el apéndice.

"There is one thing I don't understand about that great *bohique*[3] they call Jesus. If they themselves are gods—if they are immortal—why do they so admire another one that is no greater than they? Could it be they adore that son of the great Yucajú precisely because he is the only one that is truly immortal? He could conquer death, but they cannot. We must be certain. I don't know how yet, but when the opportunity arises, I promise to find out if they are immortal, and I will let you know."

\* \* \*

Diego Salcedo walked through the western forests of Boriquen. He roamed the lands of the old chief Urayoán. The old chief had given him some of his men to serve as guides and to carry his personal belongings. In this way Salcedo could accomplish his mission easily. As he walked, he thought about several things: the temperament of the Indians, so docile and humble, who accepted the Spaniards as their masters. In effect, they believed they were gods. The very idea flattered Salcedo. He smiled. Then he thought about the Indian girls, with their sweet voices, their beautiful suntanned bodies, and that long silky hair. For a while he could forget about the haughty women of Spain.

They arrived at the bank of a river. The river was not very big, but there was no place to cross. But the docile, helpful Indians offered a solution. Two of them offered to carry Salcedo. After all, that is how a god should be treated. Salcedo beamed with satisfaction as the Indians locked their arms to form a seat. When they got to the middle of the river, something happened that put an end to Salcedo's pleasant thoughts. The Indians overturned him and held him underwater. He could not breathe. He was drowning!

---

[3] The *bohiques* in Taino society were at the same time priests and medicine men. See the Appendix.

—Hay una cosa que no entiendo en cuanto a este gran bohique[3] que llaman Jesús, y me parece curioso. Si ellos mismos son dioses, si son inmortales, ¿por qué admiran tanto a otro que entonces no es más que ellos? ¿O será que ellos adoran a este hijo del gran Yucajú precisamente porque él es el único que es realmente inmortal? Él puede vencer la muerte, pero ellos no. Pero debemos estar seguros. No sé cómo todavía, pero cuando llegue el momento oportuno, haré la prueba, y les avisaré el resultado.

\* \* \*

Diego Salcedo caminaba por los bosques del oeste de Boriquén. Caminaba por las tierras del viejo cacique Urayoán. El viejo cacique le había dado algunos de sus hombres para servirle de guías y para cargar sus efectos. Así Salcedo podía cumplir su misión más fácilmente. Mientras caminaba, pensaba en varias cosas: en el carácter de los indios, tan mansos y tan humildes, que aceptaban a los españoles como sus amos. En fin, los creían dioses. A Salcedo le halagaba la idea de ser un dios. Sonreía pensándolo. Luego se puso a pensar en las muchachas indias, con sus voces tan dulces, sus hermosos cuerpos bronceados y ese pelo negro tan fino y sedoso. Podían hacerlo olvidar por un tiempo a las altivas mozas de España.

Llegaron a la orilla de un río. No era muy grande el río pero no pudo encontrarse un sitio llano para cruzar. Pero los mansos y serviciales indios tuvieron una solución. Dos de ellos ofrecieron cargarlo. En fin, así debía tratarse a un dios, reflexionaba Salcedo con satisfacción en tanto que los indios le improvisaban un asiento con sus brazos. Pero al llegar a mitad del río, pasó algo que puso fin a las reflexiones amenas de Salcedo. Los indios lo volcaron y lo sujetaron debajo del agua. No podía respirar. ¡Se ahogaba!

---

[3]En la sociedad taína los *bohiques* jugaban el papel tanto de cura como de curandero.

When he stopped struggling, the Indians held him underwater a while longer. Then they dragged him to the bank. They were frightened at what they had done. The white god would surely punish them now. They propped him up, and one of the Indians begged his forgiveness: "Oh great white god, forgive us. We are poor mortals who don't understand your greatness."

The great white god did not answer.

He did not show signs of life. But they had to be absolutely certain. What if he rose from the dead after three days, like the great *bohique?* The Indians set out to wait. They waited three days and three nights.

But Salcedo never did show signs of life. Quite the contrary; from the state the body was in, it was easy to tell that the great white god was absolutely dead.

"They are men. They are not gods," declared one of the Indians. And during the night, the bonfires in the mountains proclaimed the news.

Después que dejó de luchar, los indios todavía lo sostuvieron debajo del agua un buen rato. Luego lo llevaron a la orilla. Estaban asustados de lo que habían hecho. El dios blanco seguramente iba a castigarlos severamente. Lo sentaron en la orilla, y uno de los indios comenzó a pedirle perdón. —Oh, gran dios blanco, perdónenos. Somos pobres mortales que no comprendemos su grandeza.

El gran dios blanco no contestó nada.

Era cierto que no daba muestras de vida. Pero tenían que estar seguros. ¿Y si volvía a la vida después de tres días, como el gran bohique? Así los indios se pusieron a esperar. Esperaron tres días y tres noches.

Pero Salcedo todavía no daba muestras de vida. Por el contrario, se veía por el estado del cuerpo que el gran dios blanco estaba bien muerto.

—Son hombres; no son dioses —se limitó a decir uno de los indios. Y por la noche, las hogueras en las montañas proclamaban la noticia.

# Guanina

This story is based on a well-known legend by Puerto Rico's famous historian and storyteller, Cayetano Coll y Toste.

Coll y Toste was born in Arecibo, on the northern coast of Puerto Rico, in 1850. He studied medicine in Spain and practiced his profession in his home town of Arecibo, and later, in San Juan. He also held political offices with the Spanish government and with the U.S. government. His written works were also impressive. One of his many works, *Leyendas puertorriqueñas*, has served as a valuable source of information for this story and for many others that will be presented later on in this book.

Coll y Toste died in Spain in 1930, where he had gone to continue his historical research.

# Guanina

Este relato se basa en una de las leyendas más conocidas del famoso historiador y cuentista de Puerto Rico, Cayetano Coll y Toste.

Coll y Toste nació en Arecibo, en la costa norte de Puerto Rico, en 1850. Estudió medicina en España y practicó la medicina con éxito en su pueblo natal de Arecibo, y más tarde, en San Juan. También sirvió en puestos políticos con el gobierno español y con el gobierno de los Estados Unidos. Su labor como escritor también fue grande. Una de sus muchas obras, *Leyendas puertorriqueñas*, nos sirve de fuente de información no sólo para la famosa historia de Guanina, sino también para otras historias que leeremos más adelante.

Coll y Toste murió en España en 1930, donde había ido para continuar sus investigaciones históricas.

*H*e was a gallant and brave Spanish noble.

She was a beautiful Indian, the sister of a chief.

And they loved each other. They loved each other even though the peace that had existed at first between their two peoples was broken by the bad treatment the Indians received. They loved each other even though the young Indian girl's brother was chief Guaybana, who urged the Indians to rebel.

The noble was named Don Cristóbal de Sotomayor, and he was seated in his house in the village of Agüeybana. Suddenly, Guanina, the beautiful Indian girl, appeared. With anguish in her voice, she said:

"You must run! The chiefs of Boriquen have decided to fight. They are going to kill you!"

"You exaggerate, Guanina. The Indians live in peace."

"We are not conquered, sir. You know that your people treat us cruelly. You make us work very hard. You wish to be our masters, not our friends."

"I see you are rebelling, also."

"I only say what I feel because I want to save you, my love."

At this, Guanina burst out crying, and the young noble held her in his arms, kissing her affectionately. Suddenly, Don Cristóbal's interpreter arrived and confirmed what Guanina had said: the Indians were in revolt. The interpreter also advised him to flee, but Don Cristóbal answered angrily that the Sotomayors never fled, and that he had no intention of changing his plans to travel to the Villa de Caparra[1] the next day.

Early the next morning, Don Cristóbal called for Guaybana, the head chief of Boriquen and brother of Guanina, and told him to assign a group of men to carry the equipment. Frowning, the chief politely promised to comply with his wishes, and he left. A group of Indians quickly arrived and they divided the equipment among themselves. The interpreter expressed his anxiety to Don Cristóbal because he had revealed to Guaybana the route of his journey.

---

[1] Settlement founded by Ponce de León near the present site of San Juan.

$\mathscr{E}$l era un gallardo y valiente caballero español.

Ella era una hermosa india, la hermana de un cacique.

Y se querían. Se querían aunque la paz que al principio existía entre sus dos pueblos se rompía por el mal trato que recibían los indios. Se querían aunque el hermano de la joven india era el cacique Guaybana que instaba a los indios a sublevarse.

Nuestro caballero se llamaba Don Cristóbal de Sotomayor, y estaba sentado en su casa en la aldea de Agüeybana. De repente se presentó Guanina, que así se llamaba la hermosa muchacha, y con voz llena de angustia, le dijo:

—Debes huir. Los caciques de Boriquén han decidido luchar. Han decidido matarte.

—Estás exagerando, Guanina. Los indios viven en paz.

—No estamos vencidos, señor. Y sabes que los tuyos nos tratan con mucha crueldad. Nos hacen trabajar mucho. Quieren ser nuestros amos y no nuestros amigos.

—Veo que tú estás rebelde también.

—Digo lo que siento porque quiero salvarte, amor mío.

Con esto, Guanina rompió a llorar y el joven hidalgo la retuvo entre sus brazos, besándola cariñosamente. De repente, llegó el intérprete de Don Cristóbal y le confirmó lo que decía Guanina: los indios estaban en rebelión. El intérprete también le aconsejó huir pero Don Cristóbal le contestó con enojo que los Sotomayor no huían jamás, y que no pensaba cambiar sus planes para viajar a la Villa de Caparra[1] al día siguiente.

Temprano por la mañana, Don Cristóbal llamó a Guaybana, el cacique principal de Boriquén y hermano de Guanina, y le dijo que nombrara un grupo de sus hombres para llevar el equipaje. Fruncido el ceño pero con cortesía, el cacique prometió cumplir las órdenes, y salió. Pronto llegó un grupo de indios que se repartieron el equipaje. El intérprete expresó sus inquietudes a Don Cristóbal porque éste le había revelado a Guaybana la ruta del viaje.

---

[1]Colonización fundada por Ponce de León, cerca del sitio actual de San Juan.

Kissing Guanina good-bye, Don Cristóbal and his companions set out. They quickly found themselves in the thick forest. Suddenly, they heard shouts. Guaybana and his warriors were preparing to attack. The Indians carrying the Spaniards' equipment were not armed, so they either stole their cargo or left it behind, and fled through the forest.

Don Cristóbal and his small group of friends were attacked by Guaybana and his men. The battle was hand to hand, the Spaniards' swords against the Indians' *macanas*.[2] Both groups shouted. The strong iron of the swords broke the *macanas* into pieces. But the warriors of Guaybana fought valiantly, and soon all the Spaniards fell, except Don Cristóbal. As he approached Guaybana, he received a blow to the head that took his life.

A while later, Guaybana and his men were resting on a hill. "Don Cristóbal was very brave. He deserves to be buried with a warrior's honors," said Guaybana.

But when the group of Indians got to the battleground, they found Guanina already there, kissing and washing the face of her beloved, trying in vain to bring him back to life. The Indians went back to inform Guaybana.

"That's fine. We should respect Guanina's pain, my friends. She will be sacrificed tomorrow over her beloved's tomb so that she may accompany him to the afterlife."

But that was not necessary. When the Indians returned to the battleground, they found Guanina already dead, her head resting on the noble Spaniard's chest. They were buried together at the foot of a large tree. Afterward, red poppies and white lilies blossomed at their grave site. The peasants say that at sunset, the sweet sounds of a love song can be heard in the breeze. The souls of Don Cristóbal and Guanina are believed to rise from the tomb to watch the sunset and to kiss in the moonlight.

---

[2] A weapon, similar to an ax, used by indigenous people. The handle was made of wood and the blade of flint.

Despidiéndose por última vez de Guanina con un beso ardiente, Don Cristóbal y sus compañeros de armas se pusieron en camino. Pronto se internaron en los espesos bosques. De repente oyeron gritos. Era Guaybana y sus guerreros que se acercaban para el ataque. Los indios que cargaban el equipaje de los españoles, como no estaban armados, botaron o robaron sus cargas y se fueron corriendo por el bosque.

Don Cristóbal y su pequeño grupo de amigos recibieron el ímpetu de Guaybana y sus guerreros que se lanzaron sobre ellos. La lucha fue cuerpo a cuerpo, las espadas de los españoles contra las macanas[2] de los indios. Ambos grupos gritaron. Las macanas de los indios volaban partidas por el buen acero de las espadas españolas. Pero los guerreros de Guaybana pelearon bien y pronto cayeron todos los españoles menos Don Cristóbal. Éste trataba de acercarse a Guaybana cuando recibió un tremendo macanazo en la cabeza que le quitó la vida.

Un tiempo después, Guaybana y los suyos estaban descansando en una loma cercana. —Don Cristóbal era muy valiente. Es preciso enterrarlo con los honores de un gran guerrero —dijo Guaybana.

Pero cuando los de la comitiva india llegaron al sitio del combate, encontraron que Guanina ya estaba allí, besándole y lavándole la cara a su amante, tratando inútilmente de devolverle la vida. Volvieron los indios e informaron a Guaybana.

—Está bien. Respeten el dolor de Guanina, amigos míos. Mañana será sacrificada sobre la tumba de su amante para poder acompañarlo en la otra vida.

Pero no fue necesario. Cuando volvieron los indios al lugar de la batalla, encontraron a Guanina ya muerta, descansando su cabeza sobre el pecho del hidalgo español. Fueron enterrados juntos al pie de un árbol grande. Brotaron después sobre esta tumba amapolas rojas y lirios blancos. Y dicen los campesinos del lugar que al atardecer se escuchan entre la brisa dulces cantos de amor. Se cree que son las almas de Don Cristóbal y de Guanina que, fieles a su gran amor, salen de la tumba para mirar la puesta del sol y besarse bajo los rayos de la luna.

---

[2]Armas, parecidas a las hachas, empleadas por los indígenas. El astil era de madera y la hoja, de pedernal.

# The Miracles of Our Lady of Monserrate

In the southwest of Puerto Rico, between San Germán and Mayagüez, lies the town of Hormigueros. The main road between these two cities passes by Hormigueros, but travelers can observe the location of this small town, built where the fertile valley ends and the mountains begin. The cathedral is situated on one of the highest peaks. This cathedral is the sanctuary of Our Lady of Monserrate.[1]

One cool evening in March, we ascended the hill toward the sanctuary. The chaplain accompanied us on our visit, showing us paintings and statues. They are beautiful works by unknown

*Continued on p. 22*

# Los milagros de Nuestra Señora de Monserrate

En el suroeste de Puerto Rico, entre San Germán y Mayagüez, se encuentra el pueblo de Hormigueros. La carretera principal que va entre esas dos ciudades pasa al lado de Hormigueros, pero el viajero puede apreciar la situación del pueblo construido donde termina el fértil valle y empiezan las montañas. Y precisamente en uno de los puntos más altos se encuentra la catedral. Esa catedral es el santuario de Nuestra Señora de Monserrate.[1]

En una tarde fresca de marzo subimos al santuario. El capellán nos acompañó en nuestra visita, mostrándonos los cuadros y las imágenes. Son bellas creaciones de artistas desconocidos

*Continued on p. 23*

---

[1]The worship of Our Lady of Monserrate originated in the region of Cataluña in Spain.

[1]La adoración de Nuestra Señora de Monserrate se originó en la región de Cataluña, en España.

artists of the seventeenth century. The statue of the Virgin of Monserrate, which is carried in processions, is small but beautifully crafted. The sanctuary dates back three centuries. It was founded by the man who is the protagonist of this legend.

*G*iraldo González was a farmer who owned many plots of land in the southwest of Puerto Rico, close to present-day Hormigueros. This land included fertile valleys and lush knolls.

One day, Giraldo climbed one of these knolls in search of rattan to make baskets. So intent was he on the work at hand that he did not notice an enormous bull coming toward him. Suddenly he heard the roar of the bull, and he saw the bull attacking him. He was a brave man, but he knew the situation was hopeless. In his surprise, he let his machete fall to the ground, next to the rattan. There was no tree nearby to climb, and he was on the edge of a cliff. The bull was upon him. In anguish, he exclaimed: "Have mercy on me, divine Lady of Monserrate!"

Suddenly, all was calm. The bull knelt docilely and even bowed his head toward the ground. He hadn't the slightest intention of harming anyone. In the heavens appeared the image of the Virgin of Monserrate with the Christ Child in her arms. The bull was kneeling, obeying a gesture the Christ Child was making with his hand.

Profoundly impressed and grateful, Giraldo González set out to build a sanctuary on that very spot. The sanctuary was not yet complete when the second miracle occurred. Giraldo had an eight-year-old daughter. One day she disappeared. Her father searched in vain for her for several days. Family and friends assisted the anguished father in the search, and search parties were organized. Finally, after two weeks, when hope was beginning to wane, the little girl was found—healthy, clean, safe, and well fed.

del siglo XVII. La imagen de la Virgen de Monserrate que se carga en las procesiones es pequeña pero bellamente labrada. El santuario fue construido hace más de tres siglos. Lo fundó el hombre del que vamos a hablar en esta historia.

*G*iraldo González era un agricultor que poseía extensas tierras en el suroeste de Puerto Rico, cerca de lo que es hoy el pueblo de Hormigueros. Estas tierras incluían no sólo fértiles llanuras sino también lomas frondosas.

Un día Giraldo subió a una de esas lomas en busca de bejucos para hacer canastas. Iba tan atento a su trabajo que no se dio cuenta de que se le acercaba un enorme toro salvaje. De repente oyó el rugido del toro y vio que éste le atacaba. Era un hombre valiente pero comprendió que nada podía hacer. De la sorpresa había dejado caer su machete al lado de los bejucos. No había un árbol cerca para trepar y estaba junto a un precipicio. Y el toro ya le venía encima. Así que, con voz angustiada, gritó: —¡Favoréceme, divina Señora de Monserrate!

De repente todo era calma. El toro estaba mansamente arrodillado y había bajado la cabeza hasta el suelo. No tenía ya la menor intención de hacer mal a nadie. Y en el cielo había aparecido la Virgen de Monserrate con el Niño Jesús en los brazos. Y el toro estaba arrodillado obedeciendo un gesto que hacía el Niño con la mano.

Profundamente impresionado y agradecido, Giraldo González empezó a construir un santuario en ese lugar. Aún no estaba terminado cuando ocurrió el segundo milagro.

Giraldo tenía una hija de ocho años. Un día esta hija se perdió. En vano la buscó su padre durante varios días. En vano la buscaron los familiares y amigos del angustiado padre. En vano se organizaron patrullas de exploradores. Finalmente, después de quince días, cuando ya se perdían las esperanzas, la encontraron. Y la encontraron sana, limpia, bien cuidada, y al parecer, bien alimentada.

The little girl had sought shelter from the cold and rain in the hollow trunk of a huge tree. But this alone could not explain the good condition she was in. Giraldo asked her: "My dear daughter, weren't you afraid?"

"In the beginning I was, but then the lady came and she stayed with me and consoled me."

"But what did you eat?"

"Oh, the lady brought me fruits and vegetables."

"But, daughter, I don't understand. Who is that woman? What did she look like? Why didn't the rescuers see her?"

"I don't know, but she was so sweet. She had dark skin and her eyes were like black diamonds. She was beautiful."

Giraldo understood that the Virgin of Monserrate had intervened one more time on his behalf, and he dedicated himself with more fervor to her. He finished constructing the sanctuary, and years later when his wife died, he became a priest. As chaplain of the sanctuary, he was able to dedicate himself completely to his protector. She eventually became the patron saint of the village of Hormigueros, which was founded in that place.

For more than 350 years the town of Hormigueros has worshiped the Virgin of Monserrate. The town celebrates its religious holidays[2] during the last days of August and the first week of September. The religious spirit that prevails during these days that the town of Hormigueros honors its Virgin sets an example for the rest of Puerto Rico of how the religious holidays should be celebrated.

---

[2] All of the cities and towns of Puerto Rico have a special period of celebration each year in which their own patron saint is honored. However, these celebrations have lost much of their religious flavor.

La niña se había protegido del frío y las lluvias durmiendo en el tronco hueco de un árbol grande. Pero este hecho no bastaba para explicar el buen estado en que se encontraba. Giraldo le preguntó:

—Pero, hija, ¿no tenías miedo?

—Al principio sí, pero depués vino la mujer y ella estaba conmigo y me consolaba.

—Pero, ¿qué comiste?

—Ah, la mujer también me trajo frutas y legumbres.

—Pero, hija, no entiendo. ¿Quién es esa mujer? ¿Cómo era? ¿Por qué no la vieron los que te encontraron?

—No sé, pero ella era muy dulce. Tenía la tez morena y los ojos eran negros y brillantes. Era muy linda.

Entendió Giraldo que la Virgen de Monserrate había intervenido otra vez en su favor, y se dedicó con más fervor al culto de ella. Terminó de construir el santuario y, años depués cuando murió su esposa, se hizo sacerdote. Así, como capellán del santuario, pudo dedicarse por completo al servicio de su protectora, que de esta forma vino a ser la patrona del pueblo de Hormigueros, que se fundó en aquel lugar.

Así, durante más de 350 años se ha mantenido vivo el culto a la Virgen de Monserrate en el pueblo de Hormigueros. Las fiestas patronales[2] se celebran en los últimos días de agosto y la primera semana de septiembre. El espíritu religioso que prevalece durante estos días en que el pueblo de Hormigueros honra a su Virgen protectora es un digno ejemplo para todo Puerto Rico de cómo se deben celebrar las fiestas patronales.

---

[2]Por toda la Isla, los pueblos y las ciudades celebran fiestas patronales, o sea, festejos anuales en honor de su santo patrón. En la actualidad, estas fiestas han perdido mucho de su carácter religioso.

# The Snake's Curve

The tranquil city of Guayama, known as the "Witch City," which will be explained in another legend, is located in the south of Puerto Rico. To the north, majestic mountains rise in rich tones of green. To the south is the placid, intense blue of the Caribbean Sea with white beaches. The city's clean streets are symmetrical, and the romantic beauty of the city can be seen from a green hilltop. The solemn Catholic church was built in the center of the city in the seventeenth century. Prior to industrialization and economic progress, Guayama was a small town, and everyone knew each other. Although it was a period of difficult economic times, the town was rich in picturesque traditions and social interaction. It was a happy, romantic

*Continued on p. 28*

# La Vuelta de la Culebra

La tranquila ciudad de Guayama, que se conoce como la Ciudad Bruja por razones que veremos en otra leyenda, está localizada en el sur de la Isla. Hacia el norte de la ciudad pueden admirarse las majestades en ricos tonos de verde; al sur, el plácido Mar Caribe, de azules intensos y blancas playas. Las limpias calles son simétricas de tal manera que desde la alta verdura puede apreciarse la romántica belleza de todo el pueblo. En el centro se levanta la iglesia católica, solemne estructura del siglo XVII. Antes de la industrialización y el progreso económico, Guayama era un pueblo pequeño, y todos sus habitantes se conocían. Era una época de dificultades económicas pero rica en pintorescas tradiciones e interacción social. Era la época feliz

*Continued on p. 29*

period, with its serenades, midnight masses, and *rosarios de cruz*.[1] In the evening, after the *novena*,[2] the women would gather at their balconies to exchange gossip, and the men gathered in the cafés and the plaza to do the same, although they claimed to be discussing politics. Pairs of young lovers would stroll arm in arm around the plaza, seeking out the shadows of a tree to steal a kiss and to dream about the future.

To the south, the town ended with a sinuous road, with curves resembling a slithering snake. That is why the road was called the Snake's Curve. The origin of this road dates back to the time of slavery.

*A*round 1700, in the fields that border the south of Guayama, the Rodríguez family owned a hacienda. This family also owned slaves, whom they treated with consideration and affection, and the slaves loved and respected the family. On this hacienda lived a pair of lovers, Mercé and Cayo. Everyone knew that they adored each other. The master had given them permission to marry, and the wedding plans had begun.

They were always together, making plans for their wedding and talking about the children they would have and how happy they would be. Cayo loved Mercé profoundly and considered her the most important thing in his life; likewise, Mercé's world revolved around Cayo, who filled every corner of her young soul.

---

[1] Popular religious custom held at different homes, in which amateur and/or professional musicians join the town people in singing to the Holy Cross until late at night. This usually takes place during the month of May.
[2] In the Roman Catholic Church, the practicing of the devotions during a nine-day period, usually for some special religious purpose.

y romántica de serenatas, misas de gallo[1] y rosarios de cruz.[2] Las noches al salir de la novena,[3] las damas se reunían en los balcones a comentar los chismes del pueblo y los caballeros formaban tertulias en los cafés y en la plaza para lo mismo, pero ellos decían que hablaban de política. Las jóvenes parejas paseaban de brazo por la plaza o se amparaban en la penumbra de un banco debajo de un frondoso árbol a disfrutar de un furtivo beso y a soñar con... lo que sueñan los enamorados.

Al sur, el pueblo terminaba en una carretera sinuosa, de curvas parecidas a una culebra en movimiento, razón por la cual la gente la llamaba la Vuelta de la Culebra. El origen de este camino se remonta a la época de la esclavitud.

Allá para el 1700 en las campiñas que bordean el sur de Guayama, existía la hacienda de la familia Rodríguez. Esta familia era muy querida y respetada por sus esclavos a quienes trataban con rectitud, consideración y afecto. Allí vivía una pareja de esclavos muy enamorados, Mercé y Cayo. Toda la hacienda sabía que se adoraban. Ya el amo les concedió permiso para casarse y los preparativos habían comenzado.

Siempre se veían juntos hablando de su próxima boda, de los muchos hijos que tendrían y de la felicidad que brinda el amor. Cayo la amaba tierna y profundamente. Lo único importante en su vida era su Mercé. Ella a su vez sólo pensaba en él y por él vivía; Cayo llenaba cada rincón de su joven alma; sus días y sus noches estaban consagrados a venerarlo.

---

[1] Misa celebrada la víspera antes de Navidad.
[2] Costumbre popular según la cual unos músicos visitan las casas de la gente del pueblo para cantar ante la Santa Cruz hasta la madrugada. Normalmente tiene lugar en mayo.
[3] Oraciones rezadas durante un período de nueve días.

Around that time, the master bought a dozen slaves. In the group was a young mulata,[3] beautiful and voluptuous. Her silky black hair fell to her slender waist and framed her hips. Her provocative walk awakened the passion of even the oldest and most virtuous of men. Cayo also succumbed to the savage beauty of the flirtatious Faní. He began to linger around her, to try to win her over. He loved his Mercé, but Faní perturbed him. He felt an intense desire to have her, and he besieged her constantly.

Mercé could see that her happiness was slipping out of her hands, and she tried every means possible to keep Cayo from straying. She suffered bitterly to think that she could lose him. She had one recourse, one that went against her Catholic beliefs. But her anguish was stronger than her faith, and she turned to witchcraft.

The witch prepared a potion that consisted of various oils, herbs, leaves, and liquids. In this mixture she placed a piece of female snake skin for nine days. Then she hung it from an ana-caguita tree[4] for three days and three nights. On the third night, with a full moon and at the stroke of midnight, she took down the snake skin. Then, chanting and singing in a dialect only she knew, she tied two rag dolls with the snake skin. She then buried the dolls, which represented a man and a woman, under the tree. Mercé witnessed the macabre act, and although terrified, she felt hopeful because the witch had assured her that Cayo would never leave her, for the snake skin would keep him close to her. According to the spell, by the next full moon the couple would be happily married, and the other woman would turn into a snake. She would slither through the forest and never be seen again.

But the witch was old, and sometimes, as in this case, she confused names and people. She had inadvertently buried the dolls with the names of Faní and Cayo.

---

[3] A woman of African and European ancestry.
[4] A tree typical of Puerto Rico.

Por esos días, el amo compró una docena de esclavos. En el grupo vino una mulata joven, hermosa y voluptuosa. El negro cabello lacio y abundante le llegaba hasta la estrecha cintura, enmarcando las anchas caderas. Su cimbreante caminar despertaba pasiones tormentosas aun en los más ancianos y virtuosos. Cayo también sucumbió ante la salvaje hermosura y coquetería de Faní. Comenzó a rondarla, a tratar de conquistarla. Amaba a su Mercé, pero Faní lo perturbaba. Sentía un deseo intenso de poseerla y la asediaba continuamente.

Al ver su felicidad en peligro, Mercé intentó retener al amor de su vida por todos los medios. Sufría amargamente al ver que lo perdía. Sin embargo, le quedaba un recurso, uno que a ella le repugnaba por su condición de católica convertida. Pero su angustia pudo más que su fe, y acudió a una bruja.

La bruja le preparó un trabajo consistente en varios aceites, yerbas, hojas y líquidos. En esta mezcla remojó una piel de culebra hembra por nueve días; luego la colgó en un árbol de anacaguita[4] por tres días y tres noches. A la tercera noche, de luna llena y al dar la medianoche, descolgó la piel. Luego, con cánticos y oraciones en un dialecto que sólo ella conocía, amarró dos muñecos de trapo con la piel de la culebra. Luego enterró los muñecos, que representaban un hombre y una mujer, debajo del árbol. Mercé presenció la macabra escena y, aunque aterrada, se sintió animada porque la bruja le aseguró que Cayo jamás la abandonaría, pues la piel de culebra lo tendría para siempre junto a ella. De acuerdo al hechizo, para la próxima luna llena la pareja estaría felizmente casada, y la intrusa haría como la culebra. Se arrastraría por el bosque y no la verían más.

Pero la bruja era vieja y a veces, como en este caso, confundía los nombres y las personas. Y enterró los muñecos con los nombres de Faní y Cayo.

---

[4]Árbol típico de Puerto Rico.

Mercé awaited anxiously for her beloved, counting the days until the next full moon. Only a few days remained. She prepared her wedding trousseau and announced her wedding to family and friends. Only one more day! The last night of waiting was here. Then she received the terrible news. Cayo and Faní had gotten married that evening in the very church where Mercé had dreamed she and Cayo would leave as husband and wife. Mercé felt her heart breaking into pieces. The pain made her tremble and she ran, ranting and raving, toward the forest. The next day the plantation slaves noted with awe that a new path had been formed on the plain. It had the form of a slithering snake.

No one ever saw Mercé again.

Mercé esperó ansiosa a su amado, contando los días hasta la luna llena. Ya faltaba poco. Feliz, preparaba su ajuar de novia y anunció a su familia y sus amigos su matrimonio. ¡Faltaba un día! Llegó la última noche de la espera. Entonces le trajeron la noticia. Cayo y Faní se habían casado esa tarde en la misma iglesia de donde ella había soñado salir del brazo de Cayo. Mercé sintió que el corazón se le despedazaba; el dolor la estremeció y salió corriendo y gritando como loca hacia el bosque. Al otro día los esclavos de la hacienda notaron con asombro un camino que apareció en la llanura igual a una culebra en movimiento.

Nadie volvió a ver a Mercé.

# The Devil's Sentry Box

Although Coll y Toste wrote a version of this legend, we have deviated from his version a bit to focus instead on the one written by Manuel Fernández Juncos. This great writer was born in Spain in 1846 and arrived in Puerto Rico in 1857. He was a journalist, man of letters, and essayist. He wrote about politics, customs, and history. He wrote prologues and biographies. He was fascinated with the literature of manners, and one of his most important works was *Tipos y caracteres puertorriqueños*. One can infer that he is the outsider referred to in the story.

# La garita del diablo

Aunque Coll y Toste escribió una versión de la leyenda de la garita del diablo, nos hemos apartado un tanto de ésta para basarnos en la de otro de los grandes cultivadores de la leyenda: Manuel Fernández Juncos. Éste nació en España en 1846 y llegó a Puerto Rico en 1857. Fue periodista, literato y ensayista. Escribió sobre la política, sobre las costumbres y sobre la historia. Escribió prólogos y biografías. El género costumbrista lo fascinaba y una de sus obras más importantes fue *Tipos y caracteres puertorriqueños*. Podemos considerar que él es el forastero en el cuento.

*I*n the extreme northern part of the San Cristóbal Castle, a small extension of land juts into the ocean. Since they were in the midst of war and unrest, the Spaniards built a sentry box on this extension of land so that enemy ships might be spotted easily on the northern coast near San Juan.

The sentry box was connected to the San Cristóbal Castle by means of an underground passageway. Every two hours, someone was sent to relieve the guard on duty.

For quite some time, everything went well. But one night, when the corporal of the guard arrived with the replacement guard, they found no one. They shouted. They searched. Everything was useless.

Several months passed, and the same thing occurred. This time, the guard's rifle was found inside the sentry box, but no guard. Afterward, two or three more guards disappeared in the same manner. Fear of the unknown spread among the troops, until it was decided that sentries would no longer keep watch in that spot. The passageway to the sentry box was closed off, and from that moment on, it was abandoned. According to popular belief, the devil himself took the unfortunate guards.

Many years later, some peasants were relating this tale to a traveler. Their faces revealed the excitement and horror everyone felt—everyone except an old man who listened with a smirk to their tales, not saying a word. This attitude did not go unnoticed by the traveler. He looked for the old man to ask him the reason for his attitude. Did he not believe in the devil?

At first, the old man was hesitant to talk, but after taking many precautions and verifying the identity of the traveler, he spoke:

$\mathcal{E}$n el extremo norte del Castillo de San Cristóbal, hay una pequeña extensión de tierra que penetra en el mar. Como los tiempos eran de guerras e inquietudes, los españoles construyeron en esta extensión de tierra una garita desde donde podía verse toda la costa norte en las cercanías de San Juan, de manera que ninguna flota enemiga podía acercarse al puerto sin ser vista.

La garita se comunicaba con el Castillo de San Cristóbal por medio de un pasaje subterráneo. Cada dos horas se mandaba el relevo al centinela encargado de la guardia en la garita.

Durante algún tiempo parece que todo fue bien. Pero una noche, cuando llegó el cabo de guardia junto con el soldado de relevo a la garita, no encontraron a nadie. Gritaron. Buscaron. Todo fue inútil.

Pasaron algunos meses y lo mismo volvió a ocurrir. Esta vez encontraron el fusil dentro de la garita pero el soldado mismo no apareció. Y después, dos o tres soldados más desaparecieron de la misma forma. El miedo a lo desconocido y al misterio se extendió entre las tropas, y por fin la guardia de San Cristóbal dejó de poner centinelas en aquel sitio. Se cerró el pasaje que conducía a la garita, que desde aquel momento quedó abandonada. Según las creencias populares, el mismo diablo venía a llevarse a los infortunados guardias.

Muchos años después, unos campesinos comentaban estos sucesos con un forastero. Sus caras revelaban la emoción y el terror que los dominaban —todos con excepción de un viejito que con sonrisa burlona escuchaba los comentarios sin decir nada. Pero su actitud no pasó desapercibida por parte del forastero. Éste, interesado en el caso, buscó al viejito para preguntarle la razón por su actitud. ¿Acaso no creía en el diablo?

Al principio el viejito no quería hablar y, sólo después de tomar ciertas precauciones y de averiguar a su vez la identidad del forastero, contestó la pregunta.

"It is not that I don't believe in the devil, sir, but the devil had nothing to do with the disappearance of the guards—at least not with all of them. Allow me to explain. When I was young, I was stationed at San Cristóbal, and I kept guard many times in what we called the sentry box of the sea. It was not pleasant. The place was lonely, cold, damp, and very windy.

"One rainy night, my shift was from eleven to one. I had two brand new cigars that I was anxious to smoke. Although smoking is not allowed while on duty, the temptation was too great. I sat down and tried to light a cigar. At that moment, a stream of water from a wave shot through the sentry window and soaked my tinderbox.

"Frustrated, I started to curse my bad luck, when I noticed a light on the coast to the west of the castle. The light was coming from a hut, and I thought the people living there must be awake, so I could light my cigar there. I calculated that I could get there and back in about ten minutes.

"Without giving it another thought, I headed out toward the light. I arrived at a small store, where I lit my cigar and ordered a shot of brandy. That's when I found out that the store was open because the owner was celebrating the baptism of a little girl. Music was coming from one of the back rooms. Duty called, but before returning to the dark sentry box, I simply had to satisfy my curiosity. I peeked through the door of the room. Such beautiful music! And the girls, good Lord! There was one in particular: a dark-skinned beauty with fiery eyes. I could not keep my eyes off her.

"But I had to return. I made a heroic decision and went back to the door of the store. But it was raining fiercely, and I thought it wise to stay a bit until it let up. So I went back to the dance room with the hopes of talking to the beautiful woman. We had a few dances together, and I was about to declare my love for her when I heard the bells of the castle announce the changing of the guards. I ran out of the store without saying good-bye, but when I got to about 100 meters of the sentry box, I realized that it was too late. The corporal and the soldier who was relieving me were looking for me with lanterns.

—No es que no creo en el diablo, señor, pero el diablo no tuvo que ver con la desaparición de los guardias, al menos no con todos los guardias. Pero, déjeme explicar.

—En mi juventud yo servía en un batallón acuartelado en San Cristóbal, e hice guardia muchas veces en la que llamábamos entonces garita del mar. No era agradable. El sitio era solitario, frío, húmedo y, por lo general, hacía mucho viento.

—Una noche lluviosa me tocó turno desde las once hasta la una. Tenía dos cigarros que acababa de comprar y me entraron muchas ganas de fumar. Aunque se prohíbe fumar cuando uno está de guardia, la tentación por fin era demasiado fuerte. Me senté en la garita y quise prender uno de los cigarros. En ese momento un chorro de agua de una ola grande penetró por la ventanilla de la garita y me mojó el yesquero.

—Muy contrariado, me puse a maldecir mi mala suerte cuando, de repente, me fijé en la luz por la costa al oeste del Castillo. La luz venía de una casucha, y como por lo visto había gente despierta, pensé que allí podría encender mi cigarro. Calculé que podía ir y volver en unos diez minutos.

—Sin pensarlo más, me puse a caminar en dirección de la luz. Llegué a una tienda pequeña donde encendí mi cigarro y pedí una copa de aguardiente. Entonces supe que la tienda estaba abierta porque el dueño estaba celebrando el bautizo de una niña. De una de las salas interiores se oía música. La obligación me llamaba, pero antes de volver a la oscura garita quería satisfacer mi curiosidad asomándome a la puerta de la sala. ¡Qué música más sabrosa, y qué chicas, por Dios! Sobre todo había una morena de ojos de fuego, de quien no podía quitar la vista.

—Pero era necesario volver. Tomé una decisión heroica y llegué hasta la puerta de la tienda. Pero caía ahora un fuerte aguacero, y pensé que debía esperar hasta que escampara un poco. Así que volví a la sala de baile y al rato pude conversar con la linda morena. Bailé unas piezas con ella y comenzaba a declararle mi amor eterno cuando de repente oí la campana del castillo anunciando la hora de relevo. Salí de la tienda sin despedirme, pero cuando llegué a unos cien metros de la garita, me di cuenta de que era demasiado tarde. Ya el cabo y el soldado que me relevaba andaban con linternas buscándome.

"Military law is very strict when it comes to a guard abandoning his post. The penalty is death. I could not return to the castle, and I had to take advantage of the night hours to escape. I ran to the beach, stole a small boat, and finally arrived at this neighborhood where a poor peasant shared his hut with me. I worked a time with him, learned to cultivate the land, and finally acquired my own plot of land so I could build a hut and raise a family. Now here you have me: changed into a simple *jíbaro*.[1]

"So you see, the devil wasn't the only one responsible for what happened to the sentries who disappeared from the Devil's Sentry Box.

"Unless, of course, that beautiful brunette with the fiery eyes was working for the devil."

---

[1] Name given to the Puerto Rican rural dweller. The typical *jíbaro* is considered to embody rural virtues and to stand for what is most authentic in Puerto Rican customs. He has been idealized somewhat as the cowboy and the Southern mountaineer have in the United States.

—La Ordenanza Militar es inflexible en cuanto al centinela que abandone su puesto: la pena de muerte. Así que no pude volver al castillo y debía aprovechar las horas de la noche para escaparme. Corrí hasta la playa, robé un bote y por fin llegué a este barrio donde un humilde campesino compartió su choza conmigo. Trabajé un tiempo con él, aprendí a cultivar la tierra, y por fin adquirí unas tierras donde construí mi propio bohío y fundé una familia, y ahora me ve usted convertido en un jíbaro[1] neto.

Así que el diablo no era el único responsable de lo que pasó con los centinelas que desaparecieron de la garita del diablo.

A menos que esa linda morena de ojos de fuego fuera una agente del diablo.

¿Quién sabe?

---

[1] Se refiere a un habitante de zonas rurales. Típicamente se considera que el *jíbaro* representa lo más auténtico en cuanto a las costumbres y valores puertorriqueños.

# Cofresí (Part One)

For the events of this tale, and for its strict historical facts, we have relied not only on the work of Coll y Toste, but also on the historic novel by Alejandro Tapia y Rivera, entitled simply *Cofresí*. Tapia was born in San Juan in 1826. He went to Madrid to study, the result of a duel that prompted his exile. In addition to being an accomplished author, he devoted himself to historical research and to teaching. The most famous theater in San Juan bears his name.

# Cofresí (Primera parte)

Para el siguiente relato, además de los datos rigurosamente históricos, nos hemos valido no sólo del cuento de Coll y Toste, sino también de la novela histórica de Alejandro Tapia y Rivera, titulada simplemente *Cofresí*. Nació Tapia en San Juan en 1826. Fue a Madrid a estudiar, como resultado de un duelo con un oficial de artillería que causó su destierro. Se dedicó a la investigación histórica y a la enseñanza, además de ser un autor destacado. El teatro más famoso de San Juan lleva su nombre.

At one time, Cofresí's name was feared and respected throughout the southern coasts of western Puerto Rico.

He was pursued at sea by United States warships and on land by Spanish troops.

He was the king of the pirates. We cannot, then, say he was an honorable man, but he possessed character worthy of a better destiny. He was brave, ingenious, talented, and generous—a born leader. He was known as the Puerto Rican Robin Hood, for he shared a great part of his booty with the poor.

In another place and time, he might have been a military hero. But he was a pirate.

The following events occurred toward the end of his career.

He and his crew were on their way out to sea after spending a few days on land, resting and replenishing the provisions. It was nighttime when the swift schooner *Ana* set out. It emerged from its hiding place among the islets that bordered the southern coast of Puerto Rico. Cofresí was chatting with his friend Ricardo, who had taken advantage of his stay on land to be with his sweetheart. Suddenly, a shout was heard: "Ship ahoy!"

Cofresí shouted an order, and the *Ana* changed course to get closer to the other boat. One hour later, at sunrise, the pirates could see more clearly the other boat, which turned out to be Danish. Seeing that it was not a warship, they judged it to be easy prey. They followed it. Suspecting that those on the schooner were pirates, the Danes fled. Nonetheless, they realized there was no escape. The schooner was much swifter than their boat. They had no alternative but to confront the pirates.

En un tiempo el nombre de Cofresí era temido y respetado por las costas del sur del oeste de Puerto Rico.

Fue perseguido en el mar por barcos de guerra enviados por el gobierno de los Estados Unidos y en tierra por las tropas españolas.

Era el rey de los piratas. No podemos, por lo tanto, decir que era un hombre bueno, pero tenía un carácter digno de mejor destino. Era valiente, ingenioso, hábil y generoso. Tenía un don de mando natural. Tenía fama de ser una especie de Robin Hood boricua, pues repartía gran parte de su botín entre los pobres.

En otro tiempo y en otras circunstancias, hubiera podido ser, tal vez, un héroe militar.

Pero era pirata.

Los sucesos que vamos a relatar ocurrieron hacia el final de su carrera.

Ya iba mar adentro después de unos días en tierra durante los que él y su tripulación descansaron y consiguieron provisiones. Iba de noche en su veloz goleta la *Ana*. Salía de su lugar de escondite entre los islotes que bordean la costa sur de Puerto Rico e iba charlando con su buen amigo Ricardo. Ricardo había aprovechado estar en tierra para ver a su novia. De repente hubo un grito. —¡Vela a la vista!

Cofresí gritó una orden y la *Ana* cambió de rumbo para acercarse más al otro barco. Una hora más tarde a la luz del amanecer, divisaron los piratas más claramente el otro barco, que resultó ser danés. Vieron que no era un barco de guerra y juzgaron que debía ser presa fácil. Así empezaron a perseguirlo. Sospechando que los de la goleta fueran piratas, los daneses se huyeron. Sin embargo, pronto se dieron cuenta de que la fuga era inútil. La goleta era mucho más veloz que el barco danés. Así pasaron súbitamente e hicieron frente a los piratas.

Cofresí ordered the captain of the Danish ship to send a boat. This custom of requesting a boat from the captured ship was done for two reasons: first, it reduced the number of men left on board the captured ship, and second, it provided hostages. And since the captured ships were rarely armed, they usually complied with the demand.

But this time it was different. Instead of seeing their order carried out, the pirates saw fire coming from an opening in the ship. They heard a thunderous noise and saw a cannonball brush past them. The Danish ship was hiding a cannon!

The cannonball did not hit them, but the pirates were not expecting resistance, and they were frightened. Cofresí had to step in with his authoritative voice to re-establish order. The pirates fired their own weapons and cannon, closing in as quickly as possible to overtake the boat. The Danish crew returned the fire, but they were only able to shoot their cannon once more. The *Ana* was coasting up to the side, and the pirates linked the two boats together with boarding hooks.

Boarding was not easy; the Danish bravely defended their boat. Finally, Cofresí and Ricardo boarded the deck after a period of furious hand-to-hand combat. The other pirates followed, and they were able to take the boat. When the battle ended, a beautiful woman carrying a child in her arms appeared on deck. Cofresí could not prevent the woman from being killed, but he intervened to spare the child's life. The nobility and generosity that characterized Cofresí were not traits shared by the other crew members. Many of the pirates were downright cruel.

Cofresí gritó al capitán del barco danés que le enviara un bote. Esta costumbre de pedir a un barco perseguido que enviara uno de sus propios botes tenía su razón de ser: primero, disminuía el número de hombres que podía defender el barco y, segundo, daba rehenes. Y como generalmente los barcos perseguidos no estaban armados, complacían la demanda.

Pero esta vez el resultado fue diferente. En vez de ver obedecidas sus órdenes, los piratas vieron una llama en una apertura del barco. Oyeron algo así como un trueno y vieron cómo pasó cerca una bala de cañón. ¡El barco danés tenía un cañón escondido!

La bala no dio en el blanco, pero como no esperaban resistencia, los piratas se asustaron. Fue necesaria la voz imperiosa de Cofresí para restablecer el orden. Entonces los piratas empezaron a hacer fuego con sus fusiles y con su propio cañón mientras que se acercaban lo más rápidamente posible para efectuar el abordaje. Los tripulantes daneses contestaron el fuego con sus propios fusiles, pero sólo tuvieron tiempo de disparar su propio cañón una vez más. La *Ana* ya estaba al lado y los piratas sujetaron los dos barcos con ganchos de abordaje.

El abordaje no fue cosa fácil, pues los daneses defendieron su barco con mucho valor. Por fin Cofresí y Ricardo llegaron a la cubierta del barco danés después de un furioso combate cuerpo a cuerpo. Los otros piratas los siguieron y por fin pudieron tomar el barco. Cuando terminaba el combate, apareció sobre la cubierta una hermosa mujer con un niño entre sus brazos. Cofresí no pudo impedir la muerte de la mujer, pero intervino para salvar al niño. La nobleza y generosidad que caracterizaban a Cofresí no eran siempre compartidas por los otros tripulantes. Como es bien sabido, algunos de los piratas eran sumamente crueles.

In fact, the pirate who killed the woman and one of his companions also wanted to kill Cofresí and Ricardo, so that they might keep the *Ana* and the booty. After loading the booty from the Danish boat and making some repairs on his own schooner, Cofresí took the survivors of the Danish ship, now his prisoners, to an islet close to shore. There he left them with axes and a pair of rifles so they could survive until they were rescued. But he kept the child, whom he allowed to sleep in his own bunk. The next night, one of the would-be mutineers approached Cofresí and raised his dagger to kill him. At that moment, the child, who was having a nightmare, shouted: "Mommy, mommy!" Cofresí awoke, and before the dagger could touch him, he fired a shot that ended the life of his would-be assassin.

The next morning the pirates spotted another vessel. But when they closed in a bit, they could see that it was a U.S. warship, the *Grampus*, sent in search of Cofresí. Cofresí realized he needed to escape immediately. This was not easy; the *Grampus* was much swifter than the *Ana*. But the waters of Puerto Rico were familiar to Cofresí, and he took his schooner into the shallow waters among the islets, where the *Grampus*, due to its large size, dared not follow. Finally, a squall was enough to help the pirates escape from their pursuers.

En efecto, el homicida de la mujer y un compañero suyo querían también matar a Cofresí y a su amigo Ricardo para quedarse con la *Ana* y con más botín. Después de cargar con el botín del barco danés y de hacer algunas reparaciones en su propia goleta, Cofresí llevó a los sobrevivientes de la tripulación danesa, ya prisioneros suyos, a una isleta cerca de la costa. Allí los dejó con un par de hachas y un par de fusiles para poder sobrevivir hasta que pudieran ser rescatados. Pero se quedó con el niño, a quien dejaba dormir en su propia litera. A la noche siguiente uno de los presuntos amotinados llegó hasta Cofresí y levantó el puñal para matarlo. En ese momento el niño, que sufría una pesadilla, producto de sus experiencias del día anterior, gritó: —¡Mamá! ¡Mamá!

Cofresí se despertó y antes de caer el puñal, la bala de una de sus pistolas puso fin a la vida del presunto asesino.

A la mañana siguiente los piratas divisaron otra vela. Pero cuando se acercaron un poco, supieron que se trataba de un barco de guerra norteamericano, la *Grampus*, enviado a esas aguas a propósito para buscar a Cofresí. Cofresí se dio cuenta de que era necesario escaparse cuanto antes. Esto no era fácil; la *Grampus* era más veloz que la *Ana*. Pero Cofresí conocía tan bien las aguas por la costa de Puerto Rico que metió su goleta por aguas poco profundas, entre los islotes, donde la *Grampus*, por su mayor tamaño, no se atrevía a seguir. Por fin un chubasco vino en ayuda de los piratas y lograron escaparse de sus perseguidores.

# Cofresí (Part Two)

Sought by the authorities on account of his crimes, but respected by the people on account of his generosity, Cofresí had found himself the caretaker of a child whose mother had been killed during the seizure of a ship.

# Cofresí (Segunda parte)

Cofresí, buscado por las autoridades a causa de sus crímenes, pero respetado por la gente a causa de su generosidad, se había encargado de un niño cuando la madre de éste fue matada durante la toma de un barco.

One night around eleven, a man knocked at the door of a huge rustic house on the outskirts of the town of Yauco, in southwest Puerto Rico. Despite the fake beard he was wearing as a disguise, he was obviously a young man. The person living in the house took a long time to answer, but he finally did. By the way he dressed, one could tell he was a priest.

"With whom do I have the pleasure?"

"I am a son of the sea, opposed to the laws of man."

"Excuse me, but I do not understand."

"I am what they call a pirate."

"Cofresí! You are Cofresí!"

"I see my name is no mystery to you."

"I just returned from Ponce, where you are the talk of the town. They speak of some sailors you left on an islet, who were rescued by a U.S. warship that trailed you unsuccessfully some days ago. But they say they will continue searching high and low until they find you."

"I imagine so. But they still haven't caught me, eh?"

"One day they will, my son," responded the priest sadly. "But to what do I owe the honor of your visit?"

"I'm delivering these items of jewelry and this money to you. They are for the care of a child that I left with a family I know. His parents died when we captured the boat that everyone is talking about. Father, will you watch over the child for me?"

"My duty is to care for the needy. And you yourself should repent. You should turn your life around."

"It's too late, Father." And without letting the conversation continue, the pirate bid farewell and stole into the night. Father José Antonio was left to reflect, and he understood that the notorious young man had some good in his heart after all.

Two days later, the *Ana* emerged from its hiding place among the islets and set out to sea again. After sailing for some time, a sail was spotted. Getting a closer look, Cofresí exclaimed: "The *Anguila*!"

*U*na noche como a las once, un hombre llamó a la puerta de una casa grande y rústica en el campo cerca del pueblo de Yauco, en el suroeste de Puerto Rico. A pesar de la barba postiza con que se disfrazaba, se veía que era joven. El que vivía dentro de la casa tardó algún tiempo en contestar pero por fin abrió la puerta. Se veía por su modo de vestir que era sacerdote.

—¿Con quién tengo el gusto de hablar?

—Soy un hijo de la mar, reñido con las leyes de los hombres.

—¿Cómo? Perdone, pero no le entiendo.

—Soy lo que llaman los hombres un pirata.

—¡Cofresí! ¡Usted es Cofresí!

—Veo que mi nombre no es misterio para usted.

—Acabo de llegar de Ponce y allí no se habla sino de usted. Hablan de unos navegantes que dejó usted en un cayo, y que fueron recogidos por un barco de guerra norteamericano que lo persiguió a usted en vano hace algunos días. Pero se dice que van a seguir buscándolo sin descanso por mar y por tierra hasta que quede atrapado.

—Ya me lo imagino. Pero hasta ahora no me han cogido, ¿verdad?

—Algún día le cogerán, hijo mío —respondió el sacerdote con tristeza—. Pero, ¿por qué viene a visitarme?

—Para entregarle estas joyas y este dinero. Son para el cuidado de un niño a quien acabo de dejar con una familia amiga. Sus padres murieron cuando apresamos ese barco del que oyó usted hablar en Ponce. Padre, ¿acepta usted el encargo de velar a ese niño?

—Mi deber es velar a los desgraciados. Y usted mismo debe arrepentirse de sus actos. Debe cambiar de vida.

—Ya es tarde, padre. —Y sin dejar que continuara la conversación, el pirata se despidió y salió a la oscuridad de la noche. El padre José Antonio quedó reflexionando y comprendió que había alguna bondad en el corazón del joven tan tristemente célebre.

Dos días más tarde salió la *Ana* otra vez hacia el mar abierto desde su escondite entre los islotes del sur de Puerto Rico. Después de navegar un tiempo, se vio una vela. Al acercarse más, Cofresí exclamó, —¡La *Anguila*!

Cofresí knew the boat. It was similar to his, but bigger and better equipped. It belonged to an acquaintance of his, Juan Pieretti. At one time, Cofresí had tried to buy the boat from Pieretti, but Pieretti would not sell it to him. Cofresí vowed to take it from him by force, and here was his opportunity. The *Anguila* fled toward open sea with the *Ana* trailing behind it, but then the *Anguila* began to slow down. Cofresí was surprised at the apparent calm of the *Anguila's* crew. They appeared unarmed, and Pieretti was among them. Cofresí shouted: "Here I am, Juan Bautista, ready to take your boat!" Then to his own men: "Get ready to board!"

At that moment, the deck of the *Anguila* filled with armed men who opened fire. At the same time, a gun port opened up to reveal a cannon which, at point-blank range, blasted a hole in the *Ana's* hull at water level. The *Anguila* had set a trap: it was fully armed! The pirates responded with their own gunfire and their own cannon. But they were no match for the quantity of men they were up against. The crew of the *Anguila* included men trained in war tactics—including some from the *Grampus*—carefully selected for the sole purpose of hunting down Cofresí. The ones handling the cannon were professional artillery men, and they hurled one cannon ball after another toward the *Ana's* water line. Cofresí soon found he hadn't a chance of winning this battle and he attempted to flee. But the *Ana*, severely damaged in the attack, was sinking. Nevertheless, it was able to get closer to shore, where the pirates jumped into the water to escape. Some were captured, but Cofresí and Ricardo, camouflaged in the branches of the aquatic plants, swam to shore and rested awhile in the forest. After finding food in a store, they parted. Ricardo, who was less known, hoped to find horses for the two of them. However, before Ricardo could return, Cofresí was captured by one of the many troops that were pursuing him. He was wounded as he resisted arrest, and he was easily subdued.

Cofresí reconoció el barco. Era parecido al suyo, sólo que más grande y mejor equipado. Pertenecía a un conocido suyo llamado Juan Pieretti. En un tiempo trató de comprarle el barco a Pieretti, mas éste se negó a vendérselo. Cofresí prometió quitárselo a la fuerza y ésta era su oportunidad. La *Anguila* huyó mar afuera perseguida por la *Ana*, pero luego empezó a disminuir su velocidad. Quedó sorprendido Cofresí por la aparente calma y despreocupación de parte de los tripulantes de la *Anguila*. No parecían estar armados y se veía Pieretti tranquilo en medio de ellos. Cofresí gritó, —¡Aquí me tienes, Juan Bautista, dispuesto a quitarte el barco! —y luego a sus propios hombres— ¡Listos para el abordaje!

Pero en eso la cubierta de la *Anguila* se llenó de repente de hombres armados que abrieron fuego con sus fusiles y, al mismo tiempo, se abrió una porta revelando un cañón que, al disparar desde la corta distancia, mandó una bala que abrió un hueco en el casco de la *Ana* a flor de agua. ¡La aparente huida de la *Anguila* había sido una trampa, pues estaba muy bien armada! Los piratas contestaron el fuego con sus propios fusiles y su propio cañón. Pero no pudieron competir con el inmenso número de hombres contra quienes combatían, ya que la tripulación de la *Anguila* había sido escogida con el único fin de hacerle caza a Cofresí, e incluía hombres entrenados para la guerra, entre otros, algunos de la *Grampus*. Los que manejaban el cañón eran artilleros profesionales y mandaban una bala tras otra contra la línea de flotación de la *Ana*. Pronto Cofresí se dio cuenta de que no podía ganar en aquella desigual lucha y trató de huir. Pero la *Ana*, severamente averiada por el bombardeo, se hundía. Sin embargo, pudo llegar más cerca de la costa donde los piratas se echaron al agua para salvarse. Algunos luego fueron capturados pero Cofresí y Ricardo, disfrazándose con los ramos de plantas acuáticas, llegaron a la orilla y luego descansaron un tiempo en un bosque. Luego, después de buscar alimento en una tienda, se separaron, pues Ricardo, como era menos conocido, esperaba procurarles caballos para los dos. Sin embargo, antes que pudiera regresar Ricardo, Cofresí fue descubierto por una de las muchas patrullas que lo buscaban. Intentó oponer resistencia pero fue herido y así pudo ser capturado.

After his wounds healed a bit, Cofresí was transferred to San Juan by a 25-man military escort. Ricardo tried valiantly to rescue his friend, but he paid with his life when a soldier's bullet pierced his heart.

The prisoners arrived in San Juan separately. Cofresí and ten of his comrades were sentenced to death. Father José Antonio arrived in San Juan to accompany the pirates in their final moments, and he was with them as they walked toward the place where they would be executed. Shortly before arriving there, they walked along a road with a view of the sea.

The priest told Cofresí: "Do you see that vessel? The child whose life you saved is aboard that vessel. Two days ago I turned him over to one of his relatives who came to claim him."

Cofresí admired the sea for the last time. In the distance, he saw how the boat sliced gently through the waves.

Roberto Cofresí, along with ten of his mates, was executed by firing squad on March 27, 1825.

Luego de curarse algo las heridas, Cofresí fue conducido a San Juan por una escolta militar de 25 hombres. Fue inútil un intento de Ricardo de rescatar a su amigo y pagó con su vida. La bala de uno de los soldados le atravesó el corazón.

Por distintos caminos llegaron a San Juan los piratas prisioneros. Fueron juzgados Cofresí y diez compañeros suyos en consejo de guerra y condenados a muerte. El padre José Antonio también llegó a San Juan para acompañar a los piratas en sus últimos momentos e iba junto a ellos cuando caminaban hacia el lugar de ejecución. Poco antes de llegar a este lugar, caminaban por una parte por donde se veía el mar.

El padre le dijo a Cofresí: —¿Ves aquella nave? En ella va el niño cuya vida salvaste. Hace dos días lo entregué a uno de sus parientes que vino a buscarlo.

Cofresí contempló el mar por última vez. Allá lejos, vio cómo la nave hendía las olas suavemente.

Roberto Cofresí, junto con diez compañeros suyos, fue pasado por las armas el 27 de marzo de 1825.

# Carabalí

We know that the Indians escaped from forced labor imposed upon them by the Spaniards, or they died trying. To replace these Indians, at the beginning of the seventeenth century, black slaves were introduced in Puerto Rico. The slave trade was a lucrative business for more than two centuries, and there were black slaves in Puerto Rico for more than 300 years. Slaves were used to harvest sugar cane, the country's principal agricultural product. Finally, on March 22, 1873, slavery was abolished. For this reason, March 22 has been declared an official holiday in Puerto Rico.

Evidence shows that laws were severe during the slavery era, not only with regard to slaves, but with free men also. Even they enjoyed few rights.

*Continued on p. 60*

# Carabalí

Ya sabemos que los indios se escaparon del trabajo forzado impuesto por los españoles o murieron como resultado del mismo. Para suplir a estos indios, a principios del siglo XVI, empezaron a introducirse en Puerto Rico esclavos negros. La trata de esclavos fue un lucrativo negocio por más de dos siglos y hubo esclavos negros en Puerto Rico durante más de 300 años. Se utilizaron mucho en el cultivo de la caña de azúcar, el principal producto agrícola del país. Por fin, el 22 de marzo de 1873, se abolió la esclavitud. El 22 de marzo se celebra en Puerto Rico como fiesta oficial con este motivo.

Hay evidencia de que la ley fue muy severa durante la época de la esclavitud, no sólo con los negros esclavos, sino también con los libertados. Aun éstos gozaron de pocos derechos.

*Continued on p. 61*

One of the most famous legends of Coll y Toste, which serves as the basis for the following story, tells how one of these slaves refused to accept his fate.

*T*he workers of the San Blas hacienda, situated in the valley among the mountains south of Arecibo, were excited. Carabalí, the rebellious slave, had escaped for the third time. "Prepare the dogs and the men we need to start the hunt immediately," said the foreman to the overseer. "We've got to kill that black man! His death will serve as a warning to the rest of them!"

So early one clear morning, the men and the dogs of the great San Blas hacienda set out to hunt the man who preferred to die a free man than live as a slave. Meanwhile, in a cave high in the mountains, Carabalí awaited his pursuers. He had escaped the previous night: a cold, foggy, rainy night. With great difficulty, he had climbed the mountain and had reached a cave he was familiar with from a previous escape. Exhausted, he had fallen asleep as soon as he entered the cave. But he knew his pursuers would be there soon, and he was up early, preparing his defense.

With a machete that he had stolen from the hacienda, he cut a bunch of branches to cover the entrance to the cave. Then he built a barricade with them, leaving only a small hole for air and light to pass through. Eating wild fruits, he sat down to wait for his pursuers. He didn't have to wait long. The barking of the dogs told him they were drawing near.

Una de las leyendas más famosas de Coll y Toste, la cual nos ha servido de base para el siguiente relato, cuenta cómo uno de estos esclavos no quiso aceptar su destino.

*L*os trabajadores de la hacienda San Blas, situada en un valle entre las montañas al sur de Arecibo, estaban alborotados. Carabalí, el esclavo rebelde, se había escapado por tercera vez. —Aliste a los perros y a los hombres que necesitemos para la persecución inmediatamente —le dijo el mayoral al capataz—. ¡Hay que matar a ese negro! ¡Su muerte servirá de escarmiento a los demás!

Así, temprano por la mañana de un día claro, hombres y perros de la gran hacienda San Blas se pusieron en camino para perseguir al hombre que prefería morir libre que vivir esclavo. Y en ese mismo momento, en una cueva en lo alto de las montañas, Carabalí esperaba a sus perseguidores. Se había escapado la noche anterior, una noche fría de neblina y lluvia. Con grandes dificultades, había subido una montaña y había llegado a una cueva que conocía por una escapada anterior. Rendido de cansancio, había dormido al llegar a la cueva. Como sabía que no tardarían en llegar sus perseguidores, se había levantado temprano para preparar su defensa.

Con un machete que había robado de la hacienda, cortó una cantidad de ramos para tapar la entrada de la cueva. Después construyó con éstos una barricada, dejando tan sólo un pequeño hueco por donde entraban luz y aire. Y comiendo frutas silvestres, se sentó a esperar a los perseguidores. No tuvo que esperar mucho. Pronto los ladridos de los perros le avisaron que se acercaban.

The barking could be heard closer. Suddenly he realized that one of the dogs was already at the mouth of the cave. The dog began to dig and soon opened a bigger hole where he could fit one leg and his whole head. Carabalí hit him hard with his machete, cutting his head off. Then he proceeded to repair the barricade. He was able to kill two more dogs this way. But with the third one, he missed, and the wounded dog ran away, barking, toward the men who were already near the cave.

The men shot their guns, and Carabalí was forced to seek refuge deep within the cave. Arriving at the mouth of the cave, the men tore down the barricade, allowing the dogs to enter and attack the fugitive all at once. Since they couldn't see inside the cave, the men waited outside for the dogs to grab the unfortunate slave. Carabalí, determined to fight until his strength gave out, retreated, defending himself with his machete. Suddenly he felt the earth give way under his feet, and he fell into a deep hole. The dogs barked, frustrated, at the edge of the abyss. Feeling their way along, the men entered the cave to find out what had happened. Believing Carabalí dead, they left, taking with them the dogs that had survived the blows of the African.

But luck, so adverse at times, now smiled upon Carabalí. He had landed in the soft mud of an underground stream and was not hurt. He could see another entrance to the cave, from which the stream trickled out. Without having to look very hard, he found his machete. When he found his way, he discovered that the stream emerged on the other side of the mountain toward the land of another hacienda called San Antonio.

Ravaged by hunger, Carabalí descended toward the San Antonio property to steal some food. With time, he found other escaped slaves, whom he gathered in a troop, and showed them the secret of the cave. They worked to build a better hiding place. They also carved a secret path in stone, which led to a higher part of the cave, where Carabalí had originally entered. From there they could go down to the property of San Blas.

Los ladridos se oían más cerca. De repente se dio cuenta de que uno de los perros ya estaba a la entrada de la cueva. El perro se puso a escarbar y pronto abrió un hueco más grande por donde pudo meter una pata y toda la cabeza. Carabalí le descargó un tremendo machetazo que le cercenó el cuello, y después volvió a arreglar la barricada. De la misma manera pudo matar dos perros más. Pero con el tercero erró el golpe y el perro, herido, corrió ladrando hasta los hombres que ya estaban cerca de la cueva.

Los hombres dispararon sus fusiles, obligando a Carabalí a refugiarse en el interior de la cueva. Y al llegar a la entrada de la cueva, deshicieron la barricada permitiendo entrar a los perros y atacar en tropel al fugitivo. Como no podían ver dentro de la cueva, los hombres esperaron fuera a que los perros agarraran al infortunado esclavo. Carabalí, resuelto a luchar hasta agotar sus fuerzas, retrocedía defendiéndose a machetazos. Pero de repente sintió que le faltaba tierra bajo sus pies y se cayó en un profundo abismo. Los perros ladraban frustrados al borde del abismo. A tientas, entraron los hombres en la cueva para averiguar lo que había pasado. Luego, creyendo muerto a Carabalí, se fueron, llevándose a los perros que habían sobrevivido los machetazos del africano.

Mas la suerte, tan adversa a veces, ahora le sonreía. Se había caído en un fango blando dentro de un arroyo subterráneo y no estaba herido. Pudo ver otra entrada de la cueva por donde salía el agua del arroyo. Y sin buscar mucho, recuperó su machete. Al orientarse, se dio cuenta de que el arroyo salía por otro lado de la montaña hacia los terrenos de otra hacienda llamada San Antonio.

Acosado por el hambre, Carabalí bajaba por los terrenos del San Antonio para robar comida. Con el tiempo encontraba a otros esclavos desertores a quienes reunió en una cuadrilla, enseñándoles el secreto de la cueva. Éstos trabajaron para arreglar mejor su escondite. También tallaron en la piedra una subida secreta que conducía a la parte superior de la cueva donde originalmente había entrado Carabalí, y desde donde se podía bajar a los terrenos del San Blas.

From that moment on, Carabalí's troop limited their raids to the property belonging to San Blas. The cattle disappeared, the fowl disappeared, and one day a foreman was found dead. In vain, soldiers were sent to the cave; no one could uncover Carabalí's secret.

They only found bones; the bones of the animals that Carabalí and his men had eaten. To make matters seem more important, they said that human bones were found there also. They soon began to call the place the Cave of the Dead. With that name, the cave began to inspire fear and superstition.

Unable to provide a logical explanation for what had happened, the people created a supernatural explanation. They said it had to do with the condemned soul of Carabalí, together with a group of evil spirits that came out to take revenge on the owners and foremen of San Blas.

Carabalí himself never did anything to correct this wrong impression.

He believed it was fitting that the white men sometimes were victims of their own superstitions.

Desde aquel momento la cuadrilla de Carabalí prácticamente limitó sus incursiones a los terrenos de la hacienda San Blas. Desapareció el ganado, desaparecieron las aves, y un día se encontró muerto a un capataz. En vano se mandaron soldados a la cueva; no descubrieron el secreto de Carabalí.

Sólo encontraron huesos; los huesos de animales que Carabalí y los suyos habían comido. Pero para dar más importancia al asunto, contaban que había allí huesos humanos también. Pronto empezaba a llamarse la Cueva de los Muertos. Y con tal nombre, la cueva empezó a inspirar un miedo supersticioso.

Sin poder encontrar una explicación natural a lo que pasaba, la gente creó una explicación sobrenatural. Decían que se trataba del alma en pena de Carabalí junto con un grupo de espíritus malignos que salían a vengarse de los dueños y capataces del San Blas.

Carabalí mismo nunca hizo nada para corregir esta impresión equivocada.

Creía que convenía que los blancos fuesen a veces víctimas de sus propias supersticiones.

# Lola of America

Puerto Rico has given the world many outstanding women, and women play an important role in the social and political life of the island. One woman led her own feminist movement, shining as a poet, as a valiant activist for political freedom, as a faithful and loving wife, and even as a seashell collector (she had accumulated a magnificent collection of conches, and she knew a great deal about them).

She composed the original lyrics of "La Borinqueña," a popular melody whose origins are unknown. For this reason it became the national anthem of Puerto Rico, although the lyrics sung today are different.

When she gave the commencement address at Mayagüez College in 1873 (the same year that slavery was abolished), she

*Continued on p. 68*

# Lola de América

Puerto Rico ha dado al mundo destacadas mujeres, y la mujer juega un papel importante en la vida social y política de la Isla. Hubo una mujer que hizo su propio movimiento de liberación femenina, destacándose como poeta, como valerosa luchadora por las libertades políticas, como fiel y cariñosa esposa, y hasta como conquilióloga (acumuló una magnífica colección de caracoles a la vez que un gran conocimiento de ellos).

Compuso la primera letra de "La Borinqueña", una melodía popular de origen incierto, que por esta razón se convirtió en himno nacional de Puerto Rico, aunque la letra que se canta hoy es distinta.

Cuando pronunció el discurso de graduación de un colegio de Mayagüez en 1873 (el mismo año de la abolición de la escla-

*Continued on p. 69*

was recognized as being the first woman to speak in a public auditorium in Puerto Rico.

The design of the current Puerto Rican flag is due, in great part, to her suggestions.

She dropped out of school at the age of ten, but her daughter, Patria, was the first Puerto Rican woman to earn a doctorate degree.

This woman was Lola Rodríguez de Tió, affectionately known as "Lola of America," born in San Germán on September 14, 1843, to one of the leading families of the city. The following anecdote clearly demonstrates the character of this great woman.

"Oh, to have that gorgeous head of hair, and that handsome boyfriend, too!"

Lola noted the sarcastic tone in her older sister's voice. She was going to say something, but she bit her tongue. She merely continued brushing her luxurious mane, accompanied by her sisters and her mother in the cool breeze of the balcony of their spacious house in San Germán.

"But of course, Mother!" answered Aurora, the older sister. "Don't you know she's crazy about that young fellow who just arrived from Europe? His name is Bonocio Tió Segarra. The other day as we walked along the sidewalk, we saw him. Lola stared at him with such eyes! And then she told me he would be her boyfriend and her husband. I must admit, he's not a bad choice; he's the best choice in town. Now she just has to wait for him to choose her!" she added mischievously.

"You just wait. That man will be my husband," answered Lola with enthusiasm and anger.

"Enough, already! Lola, that attitude of yours is unbecoming of a girl your age. You must stop that flirting. If not, we are going to have that hair cut off that you so love to flaunt," reprimanded her mother, clearly irritated by now.

Lola said nothing. She thought for a while and then she slowly got up and entered the house.

vitud), se distinguió por ser la primera mujer en expresarse ante un auditorio público en Puerto Rico.

El diseño de la bandera puertorriqueña actual se debe, en gran parte, a las sugerencias de ella.

Abandonó la escuela a los diez años de edad pero su hija, Patria, fue la primera mujer puertorriqueña en obtener el grado de doctorado.

Esta mujer fue Lola Rodríguez de Tió, afectuosamente conocida como "Lola de América", nacida en San Germán el 14 de septiembre de 1843 de una de las principales familias de la ciudad. Presentamos aquí una anécdota que muestra claramente el carácter de esta gran mujer.

—¡Ay, quién tuviera esa cabellera tuya, y quién tuviera un novio tan guapo!

Lola no dejó de sentir la nota burlona en la voz de su hermana mayor. Iba a decir algo pero se contuvo. Se limitó a seguir peinando la lustrosa cabellera, sentada en compañía de sus hermanas y de su madre en el fresco balcón de la espaciosa casa de San Germán.

—¡Pero cómo no, mamá! —contestó Aurora, la hermana mayor—. ¿Sabes que anda loca por ese joven que acaba de volver de Europa que se llama Bonocio Tió Segarra? El otro día cuando caminábamos por la calle, lo vimos. ¡Lola se le quedó mirando con unos ojos! Y luego me dijo que él sería su novio y su marido. Tengo que reconocer que no eligió mal. Es el mejor partido del pueblo. Claro que lo único que le falta ahora es que él la elija a ella —añadió con picardía.

—¡Verás que sí! ¡Verás que ese hombre sí será mi marido! —contestó Lola con energía y enojo.

—¡Basta ya! Lola, esas actitudes no se ven bien en una jovencita de tu edad. Y tienes que dejar esas coqueterías. Y si no, vamos a mandar cortar ese pelo que te encanta tanto lucir —regañó la mamá, ya francamente irritada.

Lola no dijo nada. Se quedó pensando un rato y luego tranquilamente se levantó y entró en la casa.

A while later, she entered the barbershop that her father frequented. She asked the barber to cut off the hair that had caused her mother's reprimand. Shocked by such an unexpected request, the barber refused. Meanwhile, the girl's father entered and, finding out what was going on, asked the girl her reason for such a drastic and absurd decision. He assured her he hadn't the slightest intention of granting her request.

"Mother wants me to have it cut off as punishment. She says that it will put an end to my flirting," answered Lola.

The father hesitated. The request seemed absurd, but the mother no doubt had her reasons. He dared not contradict his wife, for through her veins flowed the blood of a great conquistador.[1] Therefore, with a shaky voice, he told the barber to grant Lola's wish. Perplexed but obedient, the barber cut the abundant mane that had been Lola's crowning glory.

This act did not take long to have grave repercussions. The society of that era did not easily accept such a drastic change in tradition and was scandalized. The mother, embarrassed at the outcome of her unfortunate reprimand, assured everyone that her intention was only to correct the girl. The impulsive girl took matters too far. Now she truly did deserve a punishment. She was locked in her room for several days, partly as punishment, and partly so that she wouldn't be seen in public with that horrible short haircut.

But the punishment could not last forever. One circumstance came to the aid of Lola. The young man who so interested her became a friend of the family, and he invited all of them to a party. The girl's punishment was lifted, and she was able to speak with the owner of her heart.

"But why did you cut your hair, Lola?"

"For you. My sisters told my mother that I was in love with you, and Mother threatened to cut my hair. So I had it cut myself."

---

[1]Lola's mother was a descendant of Ponce de León.

Un rato más tarde, entró en la barbería que frecuentaba su padre. Pidió al peluquero que cortara la cabellera que había causado el regaño maternal. Éste, asustado ante una petición tan inesperada, se negó a actuar. En esto, llegó el padre de la muchacha y enterado del asunto, le preguntó a ésta el porqué de una decisión tan drástica y absurda. Afirmó que no tenía la menor intención de consentírsela.

—Mamá me lo mandó cortar para castigarme. Dice que así pondrá fin a mis coqueterías —contestó Lola.

El padre vaciló. La petición parecía absurda pero, sin duda, la madre tenía sus razones. No quería llevarle la contraria a su esposa por cuyas venas corría la sangre del gran conquistador[1] y así, con temblorosa voz, le dijo al barbero que podía cumplir lo que Lola pedía. Perplejo pero obediente, el barbero le cortó la abundante cabellera que había sido el gran adorno natural de Lola.

Este acto no tardó en tener consecuencias graves. La sociedad de la época no aceptaba fácilmente un cambio tan radical en las costumbres y comentaba escandalizada el asunto. La madre, avergonzada del resultado de su desafortunado regaño, afirmó que su intención había sido solamente la de corregir a la niña, y que ésta, dominada por sus propios impulsos, llevaba las cosas demasiado lejos. Ahora sí merecía un castigo de verdad. Así, la encerraron en su habitación por varios días, en parte por castigo, y en parte para que no se viera por las calles con ese horrible pelo tan corto.

Pero el castigo no podía durar para siempre. Y una circunstancia vino en auxilio de Lola. El joven que tanto le interesaba llegaba a hacerse amigo de la familia, y oportunamente les invitó a todos a una fiesta. Se levantó la penitencia de la niña, de manera que ésta pudo platicar con el dueño de sus amores.

—Pero, ¿por qué te cortaste el pelo, Lola?

—Por usted. Mis hermanas le dijeron a mi mamá que estaba enamorada de usted, y mamá me amenazó con cortarme el pelo. Entonces me lo mandé cortar yo misma.

---

[1]La madre de Lola era una descendiente de Ponce de León.

"Is that so? I mean, are you really in love with me?"

"Yes. I have said that if I marry, it will be to you."

Bonocio could not help but feel great affection for this strong-willed child who had sacrificed so much to defend her love for him. Not much time passed before they formalized their relationship, and they married a short time later. She was barely an adolescent and he was ten years her senior.

They spent a happy and memorable honeymoon in Paris, and they were inseparable companions through troubled times, until he died in 1905.

And what of Lola's hair? Well, she never did let it grow back. It seems she loved the comfort and convenience of having short hair, and the good-hearted Bonocio, recalling the reason she wore it short, gladly consented to his wife's whim.

In conclusion, we include a lovely poem that she wrote at the end of her life in memory of her husband and dedicated to a relative who was a politician:

### Autumn Scenery

*—To Alberto Malaret y Tió*

Dear Autumn scenery, melancholy and soft,
You have the beauty of the setting sun
and the gold of an illusion, and the infinite blue
of the heaven of the soul that is called love.
Dear Autumn scenery, silent and asleep,
bathed in reflections of evening light,
Let me sing to you, let me sigh
with the same sadness as does the sea.
You have the enchantment, you have the tenderness
of all that my loving heart dreams of;
you evoke the memory of all that is lost
and you make me feel the sorrow of an intense pain.

*Lola Rodríguez de Tió*

—Pero, ¿es verdad eso? Digo, ¿es verdad que estás enamorada de mí?

—Sí, he dicho que si me caso será con usted.

Bonocio no podía menos que sentir un gran afecto por esta niña voluntariosa que tanto sacrificara en aras de su amor por él. Así, no pasó mucho tiempo antes que formalizaran relaciones y se casaron poco tiempo después, aunque ella era apenas una adolescente y él le llevaba unos diez años.

Pasaron una feliz e inolvidable luna de miel en París y a través de una accidentada vida fueron compañeros inseparables, hasta que él murió en 1905.

¿Y el pelo de Lola? Pues nunca volvió a dejarlo crecer. Parece que quedó encantada con lo cómodo y lo conveniente que era llevarlo corto, y el bueno de Bonocio, recordando el origen de la costumbre, consentía satisfecho este capricho de su esposa.

Y para terminar, copiamos aquí una bella poesía que en memoria de su esposo, dedica a un familiar político, al final de su vida:

### Paisajito de Otoño

*—A Alberto Malaret y Tió*

Paisajito de Otoño, melancólico y suave
que tienes la belleza de una puesta de Sol,
y el oro del ensueño, y el azul infinito
de ese Cielo del alma que se llama el Amor.
Paisajito de Otoño, silencioso y dormido
bañado en los reflejos de la luz vesperal
déjame que te cante, déjame que suspire
con la misma tristeza, con que solloza el mar.
Tú tienes el encanto, tú tienes la ternura
de todo lo que sueña mi amante corazón;
tú evocas el recuerdo de todo lo perdido
y haces sentir la pena de un intenso dolor.

*Lola Rodríguez de Tió*

# Elena of the Holy Mountain

This legend takes place in a town in southeast Puerto Rico, among the mountains. It is said that Elena arrived in San Lorenzo right after a tropical storm. Tropical storms and hurricanes have always been the cause of worry among the inhabitants of Puerto Rico since the days of the Tainos until now, and some of these storms have caused great damage, provoking floods and leaving many people homeless.

We owe much of the information about Elena to San Lorenzo's teacher, Carmen Julia Vázquez de Santiago. She says in her report about Elena that "several country peasants heard the story, and they in turn related the story to me, and I am telling the story to you. You will then pass it on to others."

And that is precisely what we are doing.

# Elena de la Santa Montaña

La escena de esta leyenda es un pueblo en el sureste de Puerto Rico entre las montañas. Se cuenta que Elena llegó a San Lorenzo después de un temporal. Los temporales y los huracanes han sido motivo de grandes preocupaciones de los habitantes de Puerto Rico desde los tiempos de los taínos hasta nuestros días. Algunas de estas tempestades tropicales han causado grandes estragos, provocando inundaciones y dejando a muchas personas sin hogar.

Debemos muchos de los datos acerca de Elena a la maestra de San Lorenzo, Carmen Julia Vázquez de Santiago. Ella dice al preparar su relato sobre Elena que ella cuenta "como se lo narraron a varios campesinos de tierra adentro; ellos me lo contaron a mí y yo se lo cuento a ustedes. Ustedes lo contarán a otros".

Y eso es precisamente lo que estamos haciendo.

**W**ho was Elena really?

She first appeared in San Lorenzo around 1900, immediately after a tropical storm. She stayed to help the victims, then left to live alone on a mountain. But this does not mean she stopped caring for the people. Quite the opposite: she gathered the little girls to form a choir and gathered the older people to listen to their problems and give them advice. She even gathered the animals. She once gathered together all the dogs in the neighborhood and served them dinner as though they were people. They all ate together, behaving like well-mannered people.

Elena was pretty, tall, and slender. She had long hair and wore a long-sleeved suit with a raised collar. Some say she survived on sour oranges and lemons, yet she was not lacking in strength. When she spoke from her "little rostrum in the holy mountain," her penetrating voice could be heard throughout the region. She sometimes ventured down into the village. Wherever she went, she was accompanied by the little girls and the simple people who loved her. They affectionately called her "our mother."

Once when she went into town, Juancho, the handsome guy of the neighborhood, started to make fun of her.

"There goes the witch with her little witches in tow. Those imbeciles will believe anything, but she won't make a fool out of me!"

Elena remained silent. She continued on her way, asking God's forgiveness for Juancho. The next time Juancho saw Elena, he knelt before her to plead forgiveness. His farm was burning down. Juancho understood this to be a punishment from God.

The peasants sometimes carried Elena on their shoulders. One day, they arrived at a river and someone exclaimed:

"Our mother, we cannot cross."

"I think we can. Right through here."

The water barely wet their feet at the spot where Elena had indicated.

¿Quién era Elena realmente?

Apareció por primera vez en San Lorenzo alrededor del año 1900, a raíz de un temporal. Ayudó a los damnificados y luego se retiró a vivir sola en una montaña. Pero esto no quiere decir que dejó de tratar a la gente. Por lo contrario, reunía a las niñas para formar un coro y reunía a los mayores para escuchar sus problemas y para darles consejos. Y hasta reunía a los animales. Una vez reunió a todos los perros del barrio y les sirvió una comida como si fueran personas. Y todos comieron juntos, portándose como personas bien educadas.

Elena era bonita, alta y delgada. Tenía el pelo largo y usaba un traje largo con manga larga y cuello subido. Algunos dicen que se alimentaba sólo de naranjas agrias y de limones, pero no por eso le faltaba fuerza. Cuando hablaba desde su "tribunita de la santa montaña", su voz penetrante se oía por todos los alrededores. Y a veces bajaba al pueblo. Dondequiera que iba, la acompañaban las niñas y la gente sencilla que la querían. La llamaban afectuosamente "nuestra madre".

Una vez que bajó al pueblo, Juancho, el guapetón del barrio, se puso a mofarse de ella.

—Ahí va la bruja con sus brujitos detrás. Allá esos imbéciles que todo lo creen. ¡A mí no me coge de bobo!

Elena no dijo nada. Siguió su camino, pidiendo a Dios que perdonara a Juancho. Y cuando nuevamente Juancho vio a Elena, se arrodilló delante de ella para pedirle perdón. Su rancho ardía en llamas. Y Juancho entendió esto como un castigo de Dios.

Los campesinos a veces la cargaban en los hombros. Una vez llegaron a un río y uno de ellos exclamó:

—Nuestra madre, no lo podemos cruzar.

—Yo creo que sí. Por aquí mismo.

Descubrieron que al pasar por el sitio indicado el agua apenas les mojaba los pies.

But where was Elena from? The humble peasants of San Lorenzo never knew for sure. Some said she appeared out of nowhere. Others said she arrived at the island from a faraway place, by walking on the waves of the sea. The least fantastic version says that she belonged to an order of Spanish nuns who lived in San Juan when the Americans arrived. At that time, the religious community broke up, and the nuns dedicated themselves to performing good deeds in different parts of the island.

An old woman remembered Elena as a prophet. Among her prophecies, she recalls the following:

"The day will come when people will fly through the air."

"Men will roam the earth more swiftly than the animals."

"Be horrified when a road crosses the mountain."

"We will see the water babbling in the rivers, and we will not be able to drink it."

(We can assume that Elena would not have a very favorable opinion of the new four-lane highway that crosses the mountains from San Juan to Ponce. Might that be the road to which she refers? And we must accept that the factories have contaminated the rivers in many places.)

She loved music. Not only did she form a choir with the neighborhood girls, but she also played the cuatro.[1] She played heavenly music, according to the old peasants of the area.

One night, Elena locked herself in her hut and was never seen again. The next day, some people said they spotted blood near her hut. The truth is that her death was never explained, and no one knows where she is buried.

But the peasants of the area take care of the place where she lived. A rustic chapel, which still stands today, was erected in her memory. Once a year, during Holy Week, a town priest offers a mass there. She has not been canonized,[2] so it would be incorrect to call her a saint. But to the peasants who have kept the tradition alive, and for whom she was "our mother," she will always be "Saint Elena."

---

[1] A typical Puerto Rican musical instrument similar to the guitar.
[2] Officially recognized as a saint by the Roman Catholic Church.

Pero, ¿de dónde vino Elena? Los humildes campesinos de San Lorenzo nunca lo supieron con seguridad. Algunos dijeron que apareció de la nada. Otros dijeron que caminó sobre las olas del mar desde un sitio lejano hasta la Isla. La versión menos fantástica es que pertenecía a un grupo de monjas españolas que vivían en San Juan cuando llegaron los americanos. En ese momento la comunidad religiosa se disolvió y las monjas se dedicaron a hacer buenas obras en distintas partes de la Isla.

Una anciana recuerda que Elena era también profeta. Entre sus profecías recuerda lo siguiente:

—Llegará el día en que la gente vuele por el aire.

—Caminarán los hombres por la tierra más ligero que las bestias.

—Deben tener terror cuando pase una carretera por la montaña.

—Veremos el agua sonar en los ríos y no la podremos tomar.

(Podemos suponer que Elena no tendría una opinión muy favorable de la nueva carretera de cuatro carriles que cruza las montañas de San Juan a Ponce. ¿Será ésa la carretera a la cual se refiere? Y tenemos que aceptar que las fábricas han contaminado los ríos en muchos sitios.)

Le encantaba la música. No sólo formó un coro con las niñas del barrio, sino que también tocaba el cuatro.[1] Tocaba música celestial según afirman los viejos campesinos de los alrededores.

Una noche se encerró en su choza y no se volvió a ver. Algunas personas que se acercaron a la choza al otro día dijeron que encontraron sangre. Lo cierto es que nunca se explicó cómo ocurrió su muerte, ni se sabe dónde está enterrada.

Pero todavía los campesinos de aquellos lugares cuidan el sitio donde vivía. Erigieron una rústica capilla en su memoria que aún permanece. Y una vez al año durante la Semana Santa, un sacerdote del pueblo de San Lorenzo ofrece una misa allí. No ha sido canonizada,[2] y por eso sería tal vez incorrecto decirle "santa". Pero los campesinos que han mantenido viva la tradición y para quienes era "Nuestra Madre" no dudan en llamarle también "Santa Elena".

---

[1] Instrumento típico de Puerto Rico; semejante a la guitarra.
[2] Reconocida oficialmente por la Iglesia Católica como santa.

# Esperanza

In Puerto Rico, an ambiguous attitude toward dogs exists. On the one hand, many people love them dearly, and they are welcome in many places. But some people are afraid of them, sometimes exaggeratedly so. This attitude emerged because the Spaniards often used dogs to hunt the Indians. One of Coll y Toste's stories tells of the most famous dog, Becerrillo. This fierce and brave dog died defending his master during an attack from the Caribs.

On a beach in the city of San Juan, a dog made of stone faces out to sea. This old statue has inspired two legends that illustrate the attitude previously mentioned. One of these legends tells of a Taino who, pursued by a Spaniard's dog, begs

*Continued on p. 82*

# Esperanza

En Puerto Rico hay una actitud ambigua acerca de los perros. Por una parte, mucha gente los quiere mucho, y en muchas partes son muy bien recibidos. Pero la gente también les tiene miedo, un miedo a veces exagerado. Y el origen de esto se encuentra en que los españoles muchas veces usaron perros para perseguir a los indios. Uno de los relatos de Coll y Toste trata del más famoso de estos perros, que se llamaba Becerrillo. Este feroz y valiente perro por fin murió defendiendo a su amo en un ataque de los caribes.

En una playa de la ciudad de San Juan un perro de piedra mira hacia el mar. Y las dos leyendas que se han formado en torno a esta vieja estatua revelan muy bien la actitud ambigua que mencionamos. En una de estas leyendas, un taíno perseguido por un perro de los españoles implora a Yucajú que lo

*Continued on p. 83*

Yucajú to save him. That very instant, the dog turns to stone. The other legend is the one we are going to narrate here.

It is said that a dog is man's best friend, and many stories attest to that. No other story speaks more highly of the great love and loyalty these noble creatures have for their masters than this one.

*D*uring the time in which industry and economic progress had not yet reached the island, many humble people made their living by fishing. Every day before sunrise, they set out in their battered boats to try their luck at sea. For those poor fishermen there were no vacations, Sundays, or holidays (except for Good Friday: that day was sacred and no one fished).

One of these fishermen was named Miguel. He lived in a hut in a suburb of San Juan. He preferred to set out in his boat from the northern coast, at a spot in front of the bridge that joins the county and San Juan. No one else used that place, for it was considered dangerous. The waves crashed fiercely against the large rocks surrounding the beach. But brave Miguel liked this site because it was teeming with fish, and he enjoyed the peace and tranquility. He liked to be alone to think of his beloved Amalia, his deceased wife. When she died, she had left him a faithful dog to console him. The animal accompanied him every morning to the beach and happily waited for him every evening when he returned in his boat. Miguel talked with the animal, his only friend.

"Today was a good day; the fish were biting."

The animal seemed to understand and acted happy, licking his master's hand.

"Today I didn't catch a thing."

"The fish weren't biting much today. All I caught were these little sardines."

And so it was day after day; the man and the beast understood each other and shared their lives. At night the animal slept at his master's side, keeping vigil.

salve. En ese mismo instante el perro se convierte en piedra. La otra leyenda es la que vamos a narrar aquí.

Se dice que el perro es el mejor amigo del hombre, y muchas historias lo comprueban. Y ninguna es más elocuente del afecto y la lealtad que sienten estas nobles bestias por sus amos que la presente.

Allá para la época en que la industrialización y el progreso económico no habían llegado a la Isla, muchos de los humildes pescaban para ganarse la vida. Todos los días antes de salir el sol salían en sus remendados botes a probar suerte en el mar. Para aquellos pobres pescadores no existían vacaciones, ni domingos, ni días feriados (excepto el Viernes Santo: ese día era sagrado y nadie salía a pescar).

Uno de estos pescadores llamado Miguel vivía en una choza en un arrabal de San Juan. Prefería salir en su bote por un punto de la costa norte que está situado frente al puente que une al Condado con San Juan. Nadie más usaba ese lugar por ser considerado peligroso. Las olas batían con fuerza sobre los peñascos que rodean la playa. Al valiente Miguel le gustaba ese punto porque había muchos peces y además podía disfrutar de paz y tranquilidad. Le gustaba estar solo para pensar en su amada Aurelia, la esposa fallecida. Al morir, ella le había dejado como consuelo a su soledad un fiel perro. El animal lo acompañaba todas las mañanas a la playa y lo esperaba alegremente allí todas las tardes cuando él regresaba en su bote. Miguel conversaba con el animal, su único amigo.

—Hoy era un día bueno; había mucha pesca.

El animal parecía entenderle y se mostraba contento, lamiendo a su amo.

—Hoy no pesqué nada.

—No había mucha pesca; sólo traje estas sardinitas.

Y así sucedía a diario: el hombre y la bestia se comprendían y compartían la vida.

De noche el animal dormía al lado del camastro del amo, vigilando y cuidando.

"I am sick, my friend. My head hurts and I have a fever," said Miguel one day when he returned. The dog felt sad. He followed his master to the hut, where Miguel threw himself on the cot. That whole night, the fever made the master delirious. The dog did not leave his side even for a moment. He licked Miguel's hands and forehead, trying to cool him off from the feverish heat. Miguel remained like this for two days. And during all this time, the dog did not abandon him even to eat.

On the third day, the fever broke and Miguel recuperated little by little until everything returned to normal.

One day, several months later, the day dawned with a very stormy sea. The sky was cloudy and a strong wind blew. Everything indicated that a storm was brewing. Miguel knew it was not a good day to head out to sea. But he thought that if he didn't go fishing, he wouldn't eat and neither would the dog. His supplies had run out the day before, the fish had not been biting, and he had no money. He had to work; besides, he was brave and skilled with his boat. The dog was uneasy.

"Don't worry, my friend. I will be back as soon as I have caught enough fish for us to eat," said Miguel, trying to pacify the worried animal.

The dog watched from the shore as his master sailed out to sea. The dog remained there until the boat disappeared in the distance. He sat down on the beach to await his return. He was there all day, looking at the same point in the distance. He felt sad. As the storm drew near, the sea became more choppy. Neither the strong rains, heavy winds, cold, nor hunger could make the dog leave the beach. He was waiting for his master, his friend. He waited all day, all night, and the whole next day. He never lost hope of seeing his master again.

Miguel never returned; he remained at sea. The dog never left the beach. He can still be seen sitting, staring out to sea. The night had turned him to stone.

—Estoy enfermo, amigo. Me duele la cabeza y tengo calentura —le dijo un día Miguel al regresar. El perro se sintió triste. Siguió al amo hasta la choza donde, al llegar, el hombre se tiró en el camastro. Pasó la noche delirando por la fiebre. El perro no se despegó ni un momento de su lado, le lamía las manos y la frente en un intento por refrescarlo del calor febril. Así estuvo dos días. Y durante ese tiempo el perro no lo abandonó ni para comer.

Al tercer día la fiebre cedió y Miguel fue recuperando poco a poco hasta que todo volvió a la normalidad.

Un día varios meses más tarde, el mar amaneció muy borrascoso. El cielo estaba nublado y soplaba una brisa fuerte. Parecía indicar tormenta. Miguel sabía que no era un buen día para salir al mar. Pero pensó que si no pescaba no comerían ni él ni el perro. Sus provisiones se habían terminado el día anterior, los peces no habían picado, y no había conseguido dinero. Tenía que trabajar; además él era valiente y hábil con el bote.

El perro se mostraba inquieto.

—No te preocupes, amigo. Regresaré tan pronto pesque lo suficiente para que podamos comer —le dijo Miguel, tratando de calmar al preocupado animal.

El perro miraba desde la orilla como el amo se alejaba en el mar. Allí permaneció hasta que el bote se perdió en la distancia. Se sentó en la playa a esperar el regreso. Estuvo todo el día mirando hacia el mismo punto en lontananza. Se sentía triste. El mar se embravecía más a medida que se acercaba la tormenta. Ni la fuerte lluvia, ni el fuerte viento, ni el frío, ni el hambre lograron que el perro abandonara la playa. Esperaba a su amo, a su amigo. Esperó todo el día, toda la noche, todo el día siguiente. Nunca perdió la esperanza de volver a ver a su amo.

Miguel no regresó; se quedó en el mar. El perro no abandonó la playa. Todavía puede verse sentado mirando al mar. La noche lo volvió piedra.

# Guayama, Witch City

We have already mentioned that Guayama is known as the "Witch City." Mr. Adolfo Porrata Doria, a native-born Guayaman, thoroughly investigated the history of his native town, and he wrote about the origin of the town's nickname in *Guayama: Sus hombres y sus instituciones.*

# Guayama, Ciudad Bruja

Ya hemos dicho que Guayama se conoce como la Ciudad Bruja. El licenciado Adolfo Porrata Doria, un guayamés que investigó a fondo la historia de su pueblo natal, escribió lo siguiente sobre el origen de este mote en el libro *Guayama: Sus hombres y sus instituciones.*

**W**e have read chronicles, documents, newspapers, magazines—any information we could find about our city—and not once have we found anything, dating from the beginning of the twentieth century, that identifies this city as the *Witch City*. For more than thirty years we have posed this question: Since when did Guayama come to be known as the Witch City, and why? We have spoken to a great number of people born in the latter half of the nineteenth century, and no one remembers having heard of this nickname applied to our town. They do recall that the sorcerers or so-called witch doctors of this area were famous and very popular throughout the whole jurisdiction.

From what we have been able to discern, it wasn't until the 1920s that the nickname "Witch City" became popular. Our baseball teams competed against others from various towns. When they played here, the fans of Guayama used to take lit candles to the ball park. They also carried the leaves of a native-grown bushy plant commonly known as "witch." The idea was to impress the opponent with our "divine powers," while asking for protection and luck for the home team. We witnessed these events, as leaves or plants of "witch" were strung along the posts and wires of the ball park, and everyone bragged about the plant's powers. Since this plant thrives in humidity, it stayed fresh for a long time. The rivals were threatened with having spells cast upon them. Everything was done in fun. From what we can tell, the town has had the nickname since then. It has stuck, like a label, to the natives of this town, and they wear it proudly.

*H*emos leído crónicas, documentos, periódicos, revistas y cuanta información que hemos podido localizar sobre nuestra ciudad y en ningún momento antes de la primera década del siglo XX hemos podido lograr dato alguno que tilde o identifique a ésta como la Ciudad Bruja. Desde hace más de treinta años hemos venido haciéndonos las siguientes preguntas: ¿Desde cuándo se ha venido llamando a Guayama la "Ciudad Bruja" y por qué? Hemos hablado con buen número de personas nacidas aquí en la última mitad del siglo XIX y ninguna recuerda haber oído hablar de este onomástico aplicado a nuestro pueblo. Sí recuerdan que los hechiceros o llamados curanderos de este lugar eran bien afamados y populares en toda esta jurisdicción.

Hasta donde hemos podido averiguar, no fue hasta la década del 20 del siglo XX cuando el mote "Ciudad Bruja" comenzó a tomar auge. Nuestros equipos de béisbol lidiaban con otros de distintos pueblos. Cuando nos visitaban, la fanaticada de Guayama solía llevar al parque algunas velas prendidas y hojas o matas de una planta leguminosa que abunda en este litoral llamada, por el vulgo, *bruja*. La idea era impresionar al adversario de nuestra influencia divina y, al mismo tiempo, rogar protección y amparo para el jugador local. Fuimos testigos de estos espectáculos cuando las hojas o matas de *bruja* eran colgadas en los postes y alambres del parque de pelota y se hacía alarde del poder de éstas. Como esta planta generalmente se nutre de la humedad en el aire, se conserva viva por algún tiempo. Se amenazaba a los rivales con influencias hechiceras. Todo era un pasatiempo y hasta un ardid. Que sepamos, desde entonces fue que surgió este apelativo aplicado a Guayama. Se ha pegado, como mote, al nativo de este pueblo y hoy lo lleva con relativo orgullo.

We are going to relate an incident that occurred around the 1939–1940 baseball season. The Guayama baseball team was playing against Ponce, in our park. The pitcher for the home team was the famous and extraordinary Leroy (Satchel) Paige, shining star of American baseball. In the fifth inning, the scoreboard read six to zero, in favor of Guayama. Paige was always very superstitious, and he believed in spiritual influences. He bathed frequently with aromatic plants and received massages designed to ward off evil spirits. That day, he was playing like in his heyday. No one had hit any of his pitches. Someone from Ponce who knew how superstitious Paige was had approached him toward the end of the fifth inning. After congratulating him, he told him that he had seen the ghost of *Moncho el Brujo*[1] standing near the pitcher's mound as Paige was pitching. Paige was struck silent; he couldn't utter a word or make a move. He headed toward the locker room, showered, got dressed, and went home. Nothing could make him change his mind. He gave no explanation. He only said he did not want to continue playing. Guayama lost the game.

---

[1] An outstanding semi-professional baseball player who had played on the Guayama team.

Vamos a narrar un incidente que ocurrió allá para la temporada de béisbol de 1939–40. El equipo de Guayama jugaba con el de Ponce en nuestro parque. El lanzador de los locales era el famoso y extraordinario Leroy (Satchel) Paige, gloria del béisbol americano. La pizarra marcaba seis a cero, a favor de Guayama en la quinta entrada. Paige siempre era muy supersticioso y creía en las influencias espiritualistas. Se bañaba frecuentemente con plantas aromáticas y se hacía dar "pases". Ese día estaba como en sus mejores tiempos. No le habían dado un solo "hit". Alguien de Ponce que sabía lo supersticioso que era él, se le acercó al terminar la quinta entrada y, tras felicitarlo, le dijo que parado cerca del cajón del lanzador había estado viendo al difunto *Moncho el Brujo*[1] cuando Paige hacía sus lanzamientos. Paige se quedó mudo; no pronunció palabra alguna, ni hizo gesto alguno. Se metió en el cuarto de las duchas, se vistió y se fue para su casa. No hubo medios de hacerle variar de actitud. No daba razones. Sólo decía que no quería continuar jugando. Guayama perdió el partido.

---

[1] Un excelente jugador semiprofesional que había jugado en el equipo de Guayama.

# The Miraculous Well

A phenomenon known in Catholic countries is that of the apparition of the Virgin. Sometimes such apparitions are linked to a well, whose water supposedly then possesses healing powers. It is also rather common for children—whose faith may be simpler and purer—to be the first ones, or the only ones, to see the apparition.

# El pozo milagroso

En los países donde mucha gente es católica, se conoce el fenómeno de las apariciones de la Virgen. A veces tales apariciones están vinculadas a un manantial, cuyas aguas luego supuestamente poseen poderes curativos. Es bastante común, también, que los niños, cuya fe puede ser más sencilla y pura, sean los primeros o los únicos en ver la aparición.

*I*t is a warm summer holiday, near the town of Sábana Grande in southwest Puerto Rico, where the Virgin appeared in 1953. Many people are gathered here. By a cavern closed off by a concrete construction, there are many crutches belonging to people who used to be lame. These people swear they have been cured by water from the well. The many letters pinned on the wall also give testimony to these miracles.

Today, people are lining up for some of the miraculous water. All kinds of containers are used. The most common ones are made of plastic: empty bottles of cooking oil, of cleaning solution, or of liquid used to "give new life" to car batteries. But people also use bigger bottles, thermoses, and even a beautiful green bottle which once contained a very fine gin, called upon today to serve a more noble purpose.

Two signs are posted near the well. One says "This is not a playground. This is sacred ground." The truth is that besides being a sacred area, this is a refreshing and pleasant place. The other sign says "Please do not allow your children to throw mango peels on the ground. Avoid falls." Those unfamiliar with the delicious mango of Puerto Rico should know that its peel is as slippery as the banana's. Of course, the well water is able to cure the wounds of those who fall, but it is best not to tempt God. Better to prevent than to cure.

A man in a brand-new red suit has brought a group of believers on a bus all the way from Ponce. In front of an image of the Virgin, he leads them in song. His group attracts more people. Seeing himself surrounded by others who are not part of his original group, he proclaims that he is a healer by profession, and he answers questions. "But I don't help the machos who only want to get the girls. No, ma'am, no. I am not a spiritualist. I am Catholic."

Small birdhouses have been built for the many doves that fill the air with their sweet lulling song. There is a chapel, where mass is said every Sunday at three o'clock, and a little store where soft drinks and souvenirs are sold.

*E*s un día de fiesta caluroso de verano en este lugar cerca del pueblo de Sábana Grande en el suroeste de Puerto Rico, donde apareció la Virgen en 1953. Hay mucha gente. Por una gruta encerrada por una construcción de concreto, se encuentran cantidades de muletas de personas antes cojas que juran haberse curado con el agua que sale del pozo. Y en las paredes se ven cartas que también son testimonio de estos milagros.

La gente hace fila ahora para recoger el agua milagrosa. Se usa toda clase de recipientes. Más comunes son los de plástico: antiguos envases de aceite de cocina, de líquido para limpiar, o de líquido para "darle nueva vida" a la batería del automóvil. Pero también se ven muchos botellones grandes, termos, e inclusive una linda botella verde, envase de una ginebra muy fina, llamada ahora a servir más nobles propósitos.

Hay dos rótulos que llaman la atención junto al pozo. En uno se lee: "Éste no es un sitio de recreo. Éste es un sitio de devoción". Porque la verdad es que, aparte de su significado sagrado, el lugar es fresco y agradable. El otro: "No permita a sus niños tirar cáscaras de mango al piso. Evite caída". Los que no conocen el sabroso mango de Puerto Rico deben saber que su cáscara es tan resbaladiza como la de la banana. Claro que el agua del pozo cura las heridas de los que se caen, pero no hay que tentar a Dios. Más vale prevenir que curar.

Un señor vestido de un flamante traje rojo ha traído un grupo de fieles en guagua desde Ponce. Delante de una imagen de la Virgen, les dirige en cánticos. Su grupo atrae más gente. Viéndose rodeado de otros que no formaban parte de su grupo original, proclama su profesión de curandero y contesta preguntas. —Pero no ayudo a los machos que sólo quieren conquistar muchachas. No, señora, no. No soy espiritista. Soy católico.

Se ven por los alrededores muchas palomas que arrullan con su suave canto, y para las cuales se han construido casitas especiales. Hay una capilla donde se celebra misa los domingos a las tres de la tarde y una tiendita donde se venden refrescos y recuerdos.

\* \* \*

It was an afternoon in April of 1953, in the small rural school called Lola Rodríguez de Tió, close to the town of Sábana Grande. The schoolchildren, instead of being tired after a long day, were excited and jittery.

"But Ángel, how can you say that you saw the Virgin by the well?"

"It's true, Miss. I saw her! She told me that she was going to bless the water in the well to cure the sick."

"Let's go to the well! Let's go see the Virgin!" yelled the other children.

For a moment, the teacher considered the possibility of punishing Ángel and the other children that had gone along with Ángel's disturbance. But then she changed her mind. Few things ever occurred to break the monotony of an afternoon in a rural school. So, her own curiosity piqued, she finally said:

"Fine, children. You can go. But don't take too long. Come back quickly."

Arriving at the well after the children, the teacher did not notice anything extraordinary. She was impressed by the children's attitude, some of whom were practically hypnotized, their eyes fixed on the well. It was useless to try to resume classes. So the children were dismissed a little earlier than usual.

The news spread like wildfire throughout the town. The children became the center of attention. The parson of the church in Sábana Grande did not know what to think. Without proof, he hesitated to accept what the children said. On the other hand, he didn't want to squelch the people's simple faith with his skepticism.

For with each passing day, the number of people visiting the well increased, some guided by mere curiosity, while others who were sick visited the well in the hope of being cured. These were the first to attest to the miraculous cures.

* * *

Era una tarde de abril del año 1953. En la pequeña escuela rural, Lola Rodríguez de Tió, cerca del pueblo de Sábana Grande, los niños se veían excitados, alborotados, en vez de mostrarse cansados por las actividades del día.

—Pero Ángel, ¿cómo es que tú puedes decir que viste a la Virgen junto al pozo?

—Es cierto, señorita. ¡Yo la vi! Y me dijo que iba a bendecir el agua del pozo para curar las enfermedades.

—¡Vamos al pozo! ¡Vamos a ver a la Virgen! —gritaron otros niños.

Durante un momento la maestra consideró la posibilidad de castigar a Ángel y a otros niños que se habían dejado llevar por el alboroto de éste. Pero luego cambió de opinión. Pocas cosas sucedían para aliviar el tedio de las tardes en una escuelita rural. Así que, picada ella misma por la curiosidad, por fin dijo:

—Está bien, niños. Pueden ir. Pero no se demoren. Regresen en seguida.

Llegando al pozo después que los niños, la maestra no vio nada de extraordinario. Quedó impresionada por la actitud de los niños, algunos de los cuales parecían casi hipnotizados, con la mirada fija en el pozo. Era inútil tratar de reanudar las clases. Así que, un poco más temprano que de costumbre, se enviaron a los niños a sus casas.

No tardó en difundirse la noticia por el pueblo. Los niños llegaron a ser centro de atracción del momento. El párroco de la iglesia de Sábana Grande no sabía qué pensar. No quería aceptar sin mayores pruebas lo que los niños afirmaron, pero por otra parte, no quería por actitud incrédula destrozar la fe sencilla de la gente.

Con cada día que pasaba aumentaba la cantidad de gente que visitaba el pozo; algunos empujados por mera curiosidad, mientras que otros que estaban enfermos esperaban que el agua del pozo les sanara. Y de estos últimos surgieron las primeras noticias de curaciones milagrosas.

At the same time, the schoolchildren also had news. Several affirmed having seen the Virgin again. She had told them that she would appear again on May 25, at eleven in the morning, and that before everyone, she would perform a new miracle.

The news agencies were of course interested in the matter. One of the larger radio stations in San Juan sent a crew to set up camp near the well, and it sent a reporter to find out if there was any truth to the story. This reporter's testimony can be read today, stuck to the wall, together with all the other letters and crutches and other artifacts belonging to the sick and the lame who had been cured by the water of the well.

On the eve of May 25, people were arriving from all over. They camped out in the open air, to be near the well. On the dawn of May 25, all the surrounding hills were full of people. Everyone wanted to be as close as possible. Nonetheless, people were willing to give up their space so that the sick and the lame could reach the edge of the well.

The people waited. Eleven o'clock was drawing near. Suddenly, a dense cloud hovered over the well. Those closest to the well could see the image of the Virgin appear in the cloud. This Virgin came to be known as the "Virgin of the Rosary." Among those who were closest was a lame woman who could walk only with the aid of some heavy orthopedic devices. One of the schoolchildren was also there. The child said:

"Ma'am, you may remove those braces. You no longer need them. The Virgin says you are healed."

The woman did what the child instructed, discovering, to her immense relief, that she could move freely. Afterward, kneeling with everyone else, she gave thanks to the Virgin for the miracle.

To this day, people travel to the well to fill all kinds of containers with the miraculous water. And the crutches, which people no longer need, keep accumulating.

Surgieron a la vez nuevas noticias de los niños de la escuelita. Varios afirmaron haber visto a la Virgen otra vez. Ella les había dicho que aparecería nuevamente el 25 de mayo a las once de la mañana y que, a la vista de todos, se haría un nuevo milagro.

Las agencias noticiosas desde luego se interesaron en el asunto. Una de las estaciones de radio más grandes de San Juan mandó instalar equipo cerca del pozo, y mandó a un reportero para averiguar lo que había de cierto en todo eso. El testimonio de este reportero puede leerse ahora pegado a la pared junto a las otras cartas y a las muletas y otros artefactos de enfermos y cojos curados por el agua del pozo.

Era la víspera del 25 de mayo, y de todas partes llegaba gente. Se acamparon al aire libre para poder estar cerca del pozo. Al amanecer del 25, todas las lomas vecinas estaban llenas de gente. Cada uno quería acercarse lo más posible. Sin embargo, todos estaban dispuestos a ceder su lugar para que los enfermos y cojos pudieran llegar al borde del pozo.

La gente esperaba. Eran casi las once de la mañana. De repente una densa nube rodeó el pozo. Los que estaban más cerca del pozo pudieron ver aparecer entre la nube la figura de la Virgen, la que después ha venido a llamarse "La Virgen del Rosario". Entre los que estaban más cerca, se encontraban una señora coja que sólo podía caminar valiéndose de unos pesados aparatos ortopédicos, y uno de los niños de la escuelita. El niño le dijo:

—Señora, puede usted quitarse esos ganchos. Ya no los necesita. La Virgen dice que usted está ya curada.

La señora hizo lo que el niño le había dicho, encontrando, para su inmenso alivio, que podía moverse libremente. Después, arrodillándose junto a los otros, dio gracias a la Virgen por el milagro.

Y todavía hoy la gente viene para llenar toda clase de recipientes con el agua milagrosa. Y siguen acumulándose muletas que ya no necesitan.

# The Specter

Those who live in Bajo de Patillas, a rural neighborhood close to the town of Patillas, insist that this is a true story. One of the authors has interviewed students who claim to have seen the specter. We still do not dare travel by night to that place to confirm the existence of this apparition.

# La Aparecida

Los que viven en Bajo de Patillas, un barrio rural cerca del pueblo de Patillas, aseguran que lo que vamos a contar es cierto. Uno de los autores ha entrevistado a estudiantes que dicen haber visto a la Aparecida. Todavía no nos hemos atrevido a ir de noche al lugar para comprobar la aparición.

"Can you take me to town? I need to get to the church."

Those were the words of a young woman of about 25 years, of fair complexion and long, dark, flowing hair. She wore a simple outfit, a bit outdated. She was standing at the edge of the road that led to town. She had flagged down a passing car.

The driver, a man of about 30 years, stopped, surprised, when he saw a woman alone on a road at night. His first thought was that this might be an emergency.

"With pleasure, miss. Please get in."

The woman got in the car.

The driver tried to strike up a conversation with her:

"Is something wrong, miss?"

"I have to get to the church," she answered.

"Is someone in your family dying, and you are going to get the priest? Or do you need a doctor? I would be glad to help you."

"I have to get to the church," she repeated.

The driver, realizing this was not an emergency, thought this might be an excellent opportunity to try and have a good time with the young woman. He immediately turned on the charm, certain he could not fail to win her over.

"What's your name?"

"Rosa."

"Ah, Rosita, a fitting name for you, since you are as beautiful as a flower. What's a pretty girl like you doing alone this hour of the night?"

The girl did not respond.

"You are alone because you want to be. I imagine you have many suitors. My name is José, and I would like to get to know you. Would you like to go somewhere for a cup of coffee or something? I know of a place nearby."

The girl did not respond.

José thought she was trying to seem mysterious and intriguing. This attitude encouraged him to continue his pursuit. He laid his hand on Rosa's. He noticed her hand was a bit cold. "It must be the chill of the night," he thought.

—¿Me puedes llevar hasta el pueblo? Tengo que ir a la iglesia.

La que así hablaba era una joven que no pasaba de los 25 años, de tez blanca y de pelo negro y largo que llevaba suelto. Se vestía de un traje sencillo un poco pasado de moda. Estaba de pie a la orilla de la carretera que lleva al pueblo. Le había hecho señas a un automóvil que pasaba.

El conductor, un hombre de unos 30 años, al ver a una mujer sola en la carretera y de noche, se detuvo sorprendido. Pensó primero que se trataba de alguna emergencia.

—Con mucho gusto, señorita. Suba.

La joven subió al automóvil.

El conductor trató de entablar una conversación con ella:

—¿Le sucede algo grave, señorita?

—Tengo que ir a la iglesia —contestó.

—¿Se está muriendo algún familiar y va a buscar al cura? ¿O necesita un médico? Yo la puedo ayudar con mucho gusto.

—Tengo que ir a la iglesia —repitió.

El conductor, al darse cuenta de que no existía una emergencia, pensó que se le presentaba una excelente oportunidad para pasar un rato agradable con aquella joven. Inmediatamente comenzó a usar sus tácticas de conquista, seguro de que no le fallarían.

—¿Cómo te llamas?

—Rosa.

—Rosita, un nombre que va muy bien contigo que eres tan hermosa como una flor. ¿Qué hace una joven tan bonita como tú sola a esta hora de la noche?

La joven no respondió.

—Estás sola porque quieres, ya que debes tener muchos pretendientes. Me llamo José y me gustaría hablar un rato contigo. ¿Quieres tomarte algo? Podemos ir a un sitio por aquí cerca que yo conozco.

La joven no contestó.

José pensó que ella estaba tratando de pasar por misteriosa e interesante. Esta actitud lo animó a continuar con la conquista. Puso su mano sobre la de Rosa. Notó la mano de ella un poco fría. "Será el fresco de la noche", pensó.

The girl did not pull her hand away.

"I have to get to the church," she repeated.

"Look, I'll drive you to the church. You do what you have to do. I'll wait for you, and then you and I can go out for a soft drink. What do you say?"

The girl did not respond.

José assumed that "he who remains silent gives consent," and that Rosa had agreed. In his mind, he was already kissing Rosa's appetizing mouth. He headed toward town, making light-hearted conversation. Rosa stared forward, silent, rapt in her thoughts. She had let him caress her hand. When they got to town and were nearing the church, José slowed down and, casting Rosa a romantic look, he reminded her that he would wait for her at the door of the church.

Suddenly, the girl disappeared right before his eyes! José was struck dumb. He stopped the car and got out to search for Rosa. He thought the door might have accidentally flown open and Rosa had fallen out, hurting herself. He looked everywhere, inside and out of the car; he called to her; he searched all around. Nothing. Rosa had disappeared. He went to the church. It was closed and not a soul was in sight.

"Where could she be?" José wondered. "I don't understand."

He looked everywhere for Rosa. Suddenly, he saw a white figure emerge from the church, passing through the enormous wooden door that was closed. He could not believe his eyes! He looked closely and confirmed that it was indeed Rosa; she was walking toward the field, her feet never touching the ground.

José was overcome with horror. For a few moments, he was paralyzed. He wanted to scream, but his throat would emit no sound. He wanted to run, but his feet would not move. When Rosa disappeared from sight, José was able to collect himself, and off he ran, screaming like a madman.

"Aaagh! A ghost, a spirit! I talked to a spirit! I touched a spirit!"

La joven no retiró la mano.

—Tengo que ir a la iglesia —repitió.

—Mira, yo te llevo a la iglesia; tú haces lo que vas a hacer; yo te espero, y luego tú me complaces y me acompañas a tomar un refresco. ¿Qué dices?

La joven no respondió.

José supuso que como "el que calla otorga", Rosa había accedido. Mentalmente ya estaba besando la apetitosa boca de Rosita. Prosiguió camino al pueblo, hablando contento. Rosa iba mirando hacia adelante, silenciosa, como absorta en sus pensamientos. Se dejaba acariciar la mano. Al llegar al pueblo y acercarse a la iglesia, José disminuyó la marcha del vehículo y, mirando románticamente a Rosita, le recordaba que la esperaría a la puerta de la iglesia. De pronto la joven desapareció ante sus ojos. José enmudeció. Detuvo el automóvil y salió buscando a Rosa. Pensó que se había abierto accidentalmente la puerta y ella había caído, golpeándose. Buscó por todas partes, dentro y fuera del automóvil; la llamó; buscó en los alrededores. Nada. Rosa había desaparecido. Fue hacia la iglesia. Estaba cerrada y no se veía a nadie en las cercanías.

—¿Dónde estará? —se preguntó José—. No lo entiendo.

Miraba a todos lados buscando a Rosa. De pronto vio una figura blanca que salía de la iglesia atravesando la enorme puerta de madera que estaba cerrada. No creía lo que sus ojos veían. Se fijó bien y comprobó que era Rosa y que iba caminando hacia el campo sin tocar el suelo.

El terror se apoderó de José. Por unos momentos se paralizó. Quiso gritar pero no salía sonido alguno de su garganta. Quiso correr pero los pies no se movían. Cuando Rosa desapareció de su vista, José logró reponerse y corrió gritando como un loco.

—¡Ay! ¡Ay! ¡Un espíritu, un espíritu! ¡Hablé con un espíritu! ¡Toqué a un espíritu!

Two days later, José awoke in a hospital. He had suffered high fever, convulsions, and chills, brought on by the horror. Some policemen had found him, running and screaming through the streets of the town. They had taken him to the hospital, and from what he was babbling in his delirium, they were able to understand what had happened to José. He had been the victim of "The Specter."

That's what they called the spirit that appeared some nights on the roadway, hitchhiking her way to the Catholic church in town. They explained to José that Rosa had been struck by a car at the same spot on the road where José had found her. The accident had occurred the night before her wedding. She was on her way to the church for the rehearsal, where her fiancé was waiting for her. Since then, Rosa returns occasionally from the land of the spirits to attend the event she missed. Drivers who are familiar with the story do not stop when they see a woman asking for a ride.

Needless to say, José has never again driven on that road, day or night, nor has he picked up any more female hitchhikers, young or old.

## Song of the Specter

### I

To this sad town
   of barren streets
   and beautiful beaches
I have come to think of you.

### II

To think of days gone by,
   of those days
   when I was yours
   and I slept in your arms.

### III

To think of those days that were
   as beautiful as these beaches;
And to think of these days that are
   as barren as those streets.

*Adela Martínez-Santiago*

Dos días más tarde, José despertó en el hospital. Había sufrido de fiebres altas, convulsiones y escalofríos provocados por el terror. Unos policías lo habían encontrado corriendo y gritando por las calles del pueblo. Lo llevaron al hospital y por lo que balbuceaba en su delirio, comprendieron lo que le había sucedido a José. Fue víctima de la Aparecida.

Así llamaban a ese espíritu que aparecía algunas noches por la carretera pidiendo pon para llegar a la iglesia católica del pueblo. Explicaron a José que Rosa había sido atropellada por un automóvil en ese mismo lugar de la carretera en que él la había encontrado. Había sucedido la noche antes del día de su boda. Se dirigía a la iglesia donde la esperaba el novio para el ensayo de la ceremonia. Desde entonces, de vez en cuando vuelve Rosa del mundo espiritual para cumplir con el compromiso al que no pudo asistir. Los conductores que conocen la historia no se detienen cuando una mujer les pide pon.

Y José jamás ha vuelto a pasar por esa carretera ni de día ni de noche, ni a darle pon a mujeres, ni jóvenes ni viejas.

## Canto de la Aparecida

### I

A este pueblo triste
de calles áridas
y hermosas playas
he venido a pensar en ti.

### II

A pensar que en los días idos,
en los días aquellos
en que fui tuya
y me arrullé en tus brazos.

### III

A pensar en esos días que fueron
tan hermosos como estas playas;
y pensar en estos días que son…
tan áridos como estas calles.

*Adela Martínez-Santiago*

# Extraterrestrials

In Puerto Rico, people are very interested in the subject of flying saucers and beings from other planets. This interest is due not only to the events narrated here, but also because these events have been the subject of two documentaries. One was televised on Channel Two of Telemundo, by the well-known producer and publicist, Jorge Marquina. The other, titled "UFOs—Unidentified Flying Objects—the Great Mystery of the Century," was produced by the news department of the Gran Cadena (WQBS), broadcast on radio on July 27, 1975. The latter program, written and narrated by José Antonio Ayala and based exclusively on events that occurred in Puerto Rico, has served as reference for the incidents presented here. It is worth mentioning that the final incident, which occurred in

*Continued on p. 110*

# Seres extraterrestres

En Puerto Rico existe gran interés en los platillos voladores y en seres de otros planetas no sólo por los sucesos que narramos aquí sino porque éstos han sido objeto de estudio de dos programas de índole documental: uno presentado por televisión, el Canal dos de Telemundo, por el conocido productor y publicista Jorge Marquina; el otro, un documental titulado "Los ovnis —objetos voladores no identificados— la gran incógnita de este siglo" fue una producción del Departamento de Noticias de la Gran Cadena (WQBS), presentado por radio el 27 de julio de 1975. Es de este último programa, con libreto y narración de José Antonio Ayala y basado exclusivamente en sucesos ocurridos en Puerto Rico, que hemos tomado los incidentes que presentamos a continuación. Vale la pena agregar que el último

*Continued on p. 111*

San Germán, made headlines in *El Mundo,* the newspaper with the largest circulation in Puerto Rico. An April 30 headline read as follows: "Dozens of Barrio San Germán Residents Report Seeing Flying Object."

At a radio station located on the top floor of a building in San Juan, disc jockey Willie López was working the night of April 6, 1975. It was 10:45. He suddenly heard something or someone tap three times on the control booth window. The tapping was heard on the terrace of the penthouse, where the station was located. This side of the penthouse had no entrance. Willie could not explain how there could be someone on the terrace, but he thought he saw lights shining through the window. He quickly closed the curtain and, believing he was about to be the victim of a robbery, he called a coworker. The coworker promised to come, although he took Willie's story as a joke. Five minutes later, piqued by curiosity, Willie opened the curtain a bit and saw what he was certain was a "tremendous flying saucer" hovering in the air about 20 meters away. It gave off a brilliant light. Terrified, Willie closed the curtain and again called his coworker, who had not yet left.

When his coworker finally arrived at the station, he and Willie stepped out on the terrace to investigate. They didn't see anything, but they did notice the floor was very hot in the spot where Willie witnessed the first sighting. Strange as the incident was, they decided not to mention it to anyone, and Willie went back to work. Nonetheless, two nights later, on April 8, he felt something strange, as if "the station were going to fall," to quote Willie's own words. The station stopped transmitting, although Willie saw nothing. Since the electricity did not fail, Willie continued working to the end of his shift. His nerves were so shattered, however, that he had to take tranquilizers afterward.

incidente, el de San Germán, acaparó los titulares de *El Mundo,* periódico de mayor circulación en Puerto Rico. Los del 30 de abril rezaban así: "Docenas de Residentes Barrio en San Germán Aseguran Haber Visto Extraño Objeto Volador".

En una estación de radio localizada en el último piso de un edificio de San Juan, Willie López realizaba sus labores de *disc jockey* la noche del 6 de abril de 1975. Eran las once menos cuarto. De repente sintió que algo o alguien tocaba el cristal del control tres veces. Tocaba por el lado de la terraza del *penthouse* donde estaba ubicada la emisora, donde no había ninguna entrada. Willie no podía explicarse cómo podía haber alguien por el lado de la terraza, pero a través del cristal creyó ver luces. Cerró con rapidez la cortina y, creyendo que iba a ser víctima de un asalto, llamó a un compañero de labores que prometió acudir aunque tomó la cosa a chiste. A los cinco minutos, dominado por la curiosidad, abrió un poquito la cortina y vio lo que aseguró era "un tremendo platillo volador", cerniéndose en el aire a una distancia de menos de veinte metros, que despedía una luz brillante. Asustadísimo, Willie cerró nuevamente la cortina y volvió a llamar a su compañero de labores, que aún no había salido.

Cuando llegó su compañero a la emisora, él y Willie salieron a la terraza para investigar. Ya no vieron nada, pero notaron que estaba muy caliente el piso donde Willie había visto la primera aparición. Por lo extraño del incidente, no quisieron comentar el suceso con nadie y Willie reanudó sus labores. Sin embargo dos noches después, el 8 de abril, sintió algo, como que "se iba a caer la estación" en sus propias palabras, y la estación dejó de transmitir, aunque Willie no vio nada. Pero la luz no se fue de la estación y Willie siguió trabajando hasta completar su turno aunque después, por su estado de nervios, tuvo que tomar sedantes.

The Gran Cadena (WQBS) invited the Department of Civil Defense to use a Geiger counter[1] to test the radio station's terrace for radiation. The results were never disclosed.

The same night in which Willie felt the station shake, Puerto Rico experienced many other unexplained occurrences. April 8 was Oscar night, and many people were home watching the awards presentation on television.

That night, the entire island of Puerto Rico experienced a mini-blackout, sometimes manifesting itself as simple flickering in the electrical system, and other times as total darkness. In the neighborhood of Guaynabo, a young couple witnessed the descent of a bright round object over a grove. They felt an explosion, and the lights went out at the same time. Strangely enough, not only were homes left without electricity, but car batteries also failed. The heat was so intense at the place of contact that the rocks were glowing red. The next day, a reporter found that the spot was still smoldering and that the trees were completely burned. He gathered a few rocks, still so hot that they burned through a paper bag and had to be transported in a cookie tin.

Reynaldo Vivo had his own story to tell regarding the strange occurrences of April 8. Like many others, he was watching television at 10:40 in his apartment in Santurce County,[2] when he noticed the whole area lit up, as if a short circuit had produced an explosion. Because of the opaque windows of his apartment, he was unable to distinguish the source of the bright light. When he looked outside, he realized the whole block was without electricity, except his own apartment. Incredibly, his apartment was the only one with power, and the television was still on, although no image was being projected.

---

[1] Device for measuring radioactivity.
[2] Well-to-do section of San Juan, by the sea, where several large tourist hotels are located.

A invitación de la Gran Cadena (WQBS), la defensa civil fue invitada a hacer una prueba con un contador Geiger[1] para determinar si había radiación en la azotea del edificio donde se halla la emisora. Los resultados nunca se dieron a conocer.

Esa misma noche en que Willie López sintió estremecerse la estación de radio donde trabajaba, sucedieron en Puerto Rico muchos otros fenómenos que no podían explicarse fácilmente. Era la noche del 8 de abril, en que mucha gente estaba en casa mirando televisión, pues se presentaba el programa especial de la entrega de los Oscars.

Y hubo un mini-apagón a lo largo de todo Puerto Rico, manifestándose a veces por un simple parpadeo en el sistema eléctrico y, a veces, por la oscuridad total. En el barrio de Guaynabo, dos jóvenes presenciaron el descenso de un objeto brillante y redondo sobre una arboleda. Sintieron una explosión y al mismo tiempo se fue la luz. Y lo más raro fue que no sólo falló el sistema eléctrico en las casas, sino que las baterías de los automóviles dejaron de funcionar. Era tan intenso el calor en el lugar de contacto que se pusieron al rojo vivo las piedras. Un periodista que se trasladó al lugar al siguiente día encontró que todavía salía humo del sitio y que los árboles estaban completamente quemados. Se llevó algunas de las piedras, todavía tan calientes que incendiaron una bolsa de papel y tuvieron que cargarse en una lata de galletas.

Otro que relató sucesos extraños la noche del 8 de abril fue Reynaldo Vivo, que como tantos otros miraba un programa de televisión a las 10:40 en su apartamento del área del Condado de Santurce,[2] cuando notó que toda el área se iluminó como por efecto de una explosión producida por un corto circuito. No pudo percatarse de la fuente de la iluminación por los cristales opacos del apartamento. Cuando miró para afuera, se dio cuenta de que no había luz en todo el sector, menos en el mismo apartamento donde vivía. Increíblemente, a pesar del apagón, había luz en su apartamento y seguía prendido el televisor, aunque no proyectaba ninguna imagen.

---

[1]Instrumento para medir la cantidad presente de material radioactivo.
[2]Distrito próspero de San Juan, junto al mar, donde se encuentran varios hoteles grandes.

Evidently, April 8 was a very interesting day in Puerto Rico. But that was not the end of it. Nineteen days later, something very strange occurred near a cabin close to San Germán, in the southwest area of the island. There, at the break of dawn on April 29, around 3:45, a strange flying object landed on a small structure made of wood and zinc. The object sparkled so brightly while it was spinning that its form was indistinguishable. The family in the cabin saw it, however, as did several of the neighbors. After landing on the small house and burning it so that it was partly destroyed, the object flew away.

Five hundred years ago, the Tainos witnessed the first Spaniards arrive in Puerto Rico. They welcomed them with joy and hope. They were cruelly deceived.

Today, the inhabitants of Puerto Rico see beings arrive from space, beings whose origins are likewise unknown. But unlike the Tainos, the people of Puerto Rico receive these objects with fear, disbelief, and awe. This reaction may be just as erroneous as that of the Tainos 500 years ago.

Who knows? The Tainos would have been unable to predict the changes, so unfortunate for them, that were to occur in Puerto Rico.

And we are unable to predict what will happen on the island, and in the world of which it forms a small part, in the next 500 years. We can be certain that what's to come will extend far beyond the imagination.

And there will be plenty of material for future legends.

We shall see.

Vemos, pues, que el 8 de abril fue un día muy interesante en Puerto Rico. Pero no terminó todo entonces. Diecinueve días más tarde, ocurrió algo muy extraño en una casa de campo cerca de San Germán, en el suroeste de la Isla. Allí, por la madrugada del 29 de abril, a eso de las 3:45, se posó sobre una pequeña estructura de madera y zinc un extraño objeto volador que giraba lanzando destellos tan brillantes que no se podía ver con claridad su forma, aunque lo vieron no sólo los miembros de la familia sino también varios vecinos del lugar. Luego de posarse sobre la pequeña casita, e incendiarla de manera que luego quedó parcialmente destruida, se fue alejando el objeto.

Hace 500 años que los taínos vieron llegar a Puerto Rico a los primeros españoles. Los recibieron con felicidad y con esperanza. Fueron cruelmente decepcionados.

Hoy los habitantes de Puerto Rico ven llegar a seres del espacio cuyo lugar de origen les es igualmente desconocido. Pero a diferencia de los taínos, los ven llegar con miedo, incredulidad y asombro. Y es posible que esta reacción sea tan equivocada como lo fue la de los taínos hace 500 años.

Nadie sabe. Los taínos no hubieran podido predecir los cambios, tan desafortunados para ellos, que iban a ocurrir en Puerto Rico.

Y nosotros no podemos predecir lo que pasará en la Isla, ni en el mundo del cual forma una pequeña parte, en los próximos 500 años. Pero sabemos que sobrepasará lo imaginado por la mente del ser humano.

Habrá mucho material para futuras leyendas.

Veremos.

# Foolish Jack

A legendary character from Puerto Rico is Juan Bobo ("Foolish Jack"), an absent-minded young man who drives everyone crazy, especially his mother.

There are many stories about Foolish Jack, and they are told all over the island.

We don't know if he really existed, or where, or when, but his misadventures have entertained generations of Puerto Ricans.

The following is one version of a story about Foolish Jack.

# Juan Bobo

Un ser legendario de Puerto Rico es Juan Bobo, un chico supremamente despistado que vuelve locos a todos, pero sobre todo a su madre.

Existe una gran variedad de historias sobre Juan Bobo, y se cuentan en todas partes de la Isla.

No sabemos si existió, ni dónde, ni cuándo, pero sus desventuras han hecho reír a generaciones de puertorriqueños.

A continuación encontrará una versión de una historia de Juan Bobo.

Once there was a boy whom everyone called Foolish Jack, since he was quite silly, and lazy to boot.

One day his mother sent him to town to buy three items: meat, honey, and sewing needles.

Jack hung a basket on either side of his mule and went to town. First he bought the honey and poured it into the baskets. Then he bought the meat and the sewing needles. He placed them in the baskets with the honey.

When Foolish Jack returned home, he arrived with the meat, but he couldn't find the needles or the honey. Both had gotten lost along the way. The honey had been eaten up by the large number of flies that accompanied Foolish Jack along the road home.

When Jack arrived and his mother saw what her very silly son had done, she started hitting him and saying:

"You're an animal! Nothing but an animal! How could you pour the honey into the baskets and expect to get it home? And the needles! Naturally they fell out through the openings in the baskets. You're just a brute; I can't trust you to do anything."

"Mother, don't worry," said Foolish Jack. "All the honey was eaten up by the young ladies in black cloaks; but first thing tomorrow I will go to the judge and make a complaint against them."

"Stop your foolishness. You're the worst fool of all. You're useless, and what's worse, you're a burden."

"Don't worry, Mother. Tomorrow I'll complain about the young ladies in black cloaks."

"Get on with you now, and ask your godmother if I can borrow her three-legged pot, to make soup. Off with you, I have no time to lose."

Foolish Jack went to see his godmother and asked for the pot. This was a very large cooking pot with three clawed feet, like those of long ago.

Jack picked up the pot and started back home. But on the way he put the pot down and told it:

Érase una vez un muchacho a quien llamaban Juan Bobo por ser medio tonto y despistado.

Un día su madre le mandó al pueblo a comprar tres cosas: carne, miel y unas agujas.

Juan Bobo colocó dos canastas en la mula y se fue al pueblo. Compró la miel y la echó en las canastas. Luego compró la carne y las agujas. Las puso también con la miel en las canastas.

Cuando Juan Bobo volvió a su casa, trajo la carne, pero no encontró ni agujas ni miel. Ambas cosas se habían perdido en el camino, sobre todo la miel. La habían comido un número inmenso de moscas que acompañaban a Juan Bobo.

Cuando llegó el bobo y la madre vio lo que había hecho el muy tonto, le pegaba y le decía:

—¡Animal! ¡Si es que eres un animal! ¿Cómo vas a echar la miel en las canastas y quieres que llegue aquí? ¡Y las agujas! Tenían que salirse por los agujeros; no eres más que un bruto; no se te puede mandar a hacer nada.

—Mamá, no se preocupe usted —decía Juan Bobo—. La miel se la comieron las señoritas del manto prieto, pero mañana mismo voy a denunciarlas donde el señor juez.

—Déjate de tonterías, Bobo; eres más bobo que los bobos. No sirves para nada; eres, al contrario, una carga.

—Mamá, no se preocupe usted; mañana denuncio a las señoritas del manto prieto.

—Vete ahora a pedirle la olla de tres patas a la comadre para hacer una sopa. Pero avanza, que no tengo tiempo que perder.

Fue Juan Bobo donde la comadre y le pidió la olla. Ésta era un caldero de ésos que se usaban antes, con tres patas y muy grande.

Cogió Juan Bobo la olla y salió con ella. Yendo por el camino que conducía a su casa, puso la olla en el suelo y le decía:

"Look, I'm tired of carrying you; you have three legs and you can walk better than I can. Walk ahead of me, and I'll follow you."

But as the pot didn't move, Foolish Jack continued:

"What's the matter with you? Don't you know the way? Well, I'll go first; follow me."

But the pot still didn't move.

"Lazybones, that's what you are; you're a real lazybones; you like to be carried so you won't have to walk. Well, that's just fine and dandy; you have three legs, and I only have two, but still you want me to carry you. No sir, you have to walk."

He used his walking stick to furiously beat the pot, and he kicked it along with his feet.

"Come on, come on, lazybones, hurry up. Mother is waiting for us."

Soon they reached a spot in the road where it divided into two narrow paths before going down the mountainside. Foolish Jack picked up the lazy pot, placed it at the head of one of the paths, and said:

"Listen, you go down this way, as fast as you can. I'll take the other way and walk as fast as I can. Let's see who gets there first, you or I."

From the other path, Foolish Jack shouted, "All right, we're ready now. One, two, three, go!"

And Foolish Jack tore down the path as quickly as he could. Exhausted, he arrived home and asked his mother:

"Mother, has it arrived? Is it here?"

"What do you mean? Has what arrived? Has who arrived?"

"The pot, Mother, the pot. We raced each other down the mountain to see who would get here first."

"Jack! I'm going to kill you; today, I will! Don't be ridiculous, boy. Go, go quickly and get me that pot," his mother shouted, furious.

The foolish boy, angry and terrified, went back up the mountain and found the pot exactly where he'd left it.

—Mira, ya yo estoy cansado de llevarte; tú tienes tres patas y puedes andar mejor que yo. Camina adelante, que yo voy detrás.

Y como la olla se quedaba en el mismo sitio, le decía:

—¿Qué te pasa? ¿No conoces el camino? Pues yo me voy adelante; sígueme.

Pero la olla no se movía.

—Perezosa, eso es lo que eres; que eres una perezosa; te gusta que te lleve al hombro para no caminar. Pues está bonito eso, que tú con tres patas y yo con dos te tenga que cargar a ti. No, señor, tú tienes que caminar.

Y con un palo que llevaba le daba furioso y empujaba con los pies.

—Anda, anda, perezosa; avanza, que mamá nos está esperando.

Pronto llegaron a un sitio donde el camino se dividía en dos veredítas, antes de bajar del cerro. Cogió Juan Bobo a la olla perezosa, y poniéndola en una de las veredas, le dijo:

—Oye, tú coges por aquí y andas lo más rápido que puedas. Yo cojo por aquella veredita y ando bien rápido. A ver quién llega primero, tú o yo.

—Bueno, ya estamos —gritaba Juan Bobo del otro camino—. ¡A la una, a las dos y a las tres!

Y corría Juan Bobo cuesta abajo que no lo cogía nadie. Fatigado llegó a su casa y seguido fue donde la mamá y le preguntó:

—Mamá, ¿ha llegado ya? ¿Llegó?

—Pero muchacho, ¿que si llegó quién?

—La olla, mamá, la olla. Nos echamos a correr a ver quién llegaba primero.

—Juan Bobo, te mato; hoy, te mato. No seas estúpido, muchacho. ¡Vete, vete rápidamente a buscarme esa olla! —gritaba la madre furiosa.

El Bobo, furioso, lleno de miedo, fue cerro arriba hasta encontrar la olla tal como la había dejado.

"You see, lazybones? You are so inconsiderate. All because of you, my mother was going to hit me; she would have if I hadn't run away so fast. Now I'll make you pay for this; you should be ashamed of yourself, you with your three legs, and me, with only two, and yet I got home first."

While saying this he aimed several kicks at the pot.

Since the path was on a slope, Jack's kicks started the pot rolling downhill.

"So now you've decided to run, huh?" said Foolish Jack, following closely behind the pot. "I scared you, didn't I?"

Finally Jack and the lazy pot arrived home.

The next day, early in the morning, Foolish Jack went to speak to the judge.

"Your Honor," said Jack, "I want to make a complaint against the young ladies in black cloaks who ate up all my honey."

"Who are these young ladies?" asked the judge.

"Just like the ones you see over there," he answered, pointing to several flies on a nearby table.

"Ah! The young ladies in black cloaks. You mean flies."

"That's it, exactly. They ate all my honey. And I want revenge, or they must pay for the honey."

"Jack, listen to what you're going to do," said the judge, laughing. "Whenever you see one of those young ladies, you hit it with your stick and you kill it. It's very simple, isn't it?"

"Very good, Your Honor," and at that same moment, bonk! He let loose an immense blow to the head of the poor judge, right where a young lady in a black cloak had perched on his bald spot.

Jack went to jail, but even there he had no peace from the provocative young ladies in black cloaks.

—Lo ves, perezosa. No tienes consideración. Por culpa tuya me iba a pegar mi mamá; por poco me coge si no vengo rápido. Ahora es que te las voy a cobrar; te debería dar vergüenza, tú con tres patas y yo con dos solamente, y sin embargo, llegué primero —Diciendo esto, le daba patadas.

Como la vereda estaba en un pendiente, del impulso que recibió de las patadas, rodó la olla cuesta abajo.

—¿Cómo ahora corres? —le decía Juan corriendo detrás de ella—. ¿Cogiste miedo?

Por fin Juan Bobo y la olla perezosa llegaron a casa.

Al día siguiente temprano Juan Bobo hablaba con el juez.

—Señor juez —decía—, quiero denunciar a las señoritas del manto prieto por haberme comido la miel.

—¿Quiénes son tales señoritas? —preguntaba el juez.

—Ésas, ésas mismas que ve ahí —le contestó, y le señalaba unas cuantas moscas que estaban paradas en una mesa.

—¡Ah! Las señoritas del manto prieto; tú quieres decir las moscas.

—Eso mismo, eso es. Ellas me cogieron la miel. Y quiero vengarme o que me paguen.

—Juan, escucha lo que vas a hacer —decía el juez lleno de risa—. Dondequiera que veas a una de esas señoritas, le das enseguida con tu palo y la matas. Es muy sencillo, ¿verdad?

—Muy bien, señor juez —y en ese mismo momento ¡zas! Pegó un golpetazo inmenso en la cabeza del desgraciado juez. Se le había parado una señorita del manto prieto sobre la calva.

Juan fue a la cárcel, pero ni aun allí le dejaron tranquilo las provocativas señoritas del manto prieto.

# Friend Rabbit

A legendary Puerto Rican tale is that of the "trickster." In this kind of story, a small but clever character (usually an animal) tricks another, who is stronger, but not as smart.

Trickster tales are popular in other Latin American countries as well. And they are often told among some of the indigenous peoples of the United States.

# Compadre Conejillo

Un tipo de cuento legendario de Puerto Rico es el del tramposo. En este tipo de cuento, un personaje, normalmente un animal pequeño pero muy inteligente, engaña a otro más grande pero también más tonto.

Los cuentos del tramposo también son populares en otros países de habla hispana. Y se cuentan entre algunas de las poblaciones indígenas de los Estados Unidos.

Once upon a time there was a Rabbit and a Tiger. The Tiger wanted to eat the Rabbit, but he could never catch him because he was so small and quick.

One day the Tiger met the Rabbit, who was walking alone down the road with various lengths of rope. The Tiger told him:

"Today I'm going to eat you."

"Eat me, eat me; with what is about to happen, who cares?"

"And just what is about to happen?"

"Please, don't ask. With what is about to happen, just go ahead and eat me."

The Rabbit had an old newspaper in his hands, and he told the Tiger, "Look, tonight there's going to be a terrible storm. Here it says"—and he pointed to a spot in the paper—"that only that palm tree over there will remain standing."

"Oh! Well, tie me to the tree; since you're so small you can hide away anywhere."

And so the Rabbit tied the Tiger to the palm tree.

He left him there and walked away.

Two or three days later, a few burros passed by. One of them suggested:

"We should let loose that poor tiger who's tied to the tree."

"No! Then he'll eat us," responded the others.

And they left him alone.

Then a Monkey passed by. The Tiger said:

"Oh, little Monkey, please untie me."

"No, because then you'll eat me."

"No, little Monkey, no; I won't eat you," the Tiger promised.

The Monkey started to untie him. As soon as he'd finished, the Tiger grabbed him and prepared to eat him.

Now the Rabbit had hidden himself among the highest branches of the palm tree. As soon as he saw that the Tiger had grabbed the Monkey, the Rabbit said, "Oh, Friend Tiger, that's not the way to eat the Monkey. Toss him in the air and then catch him in your mouth."

Érase una vez un Conejillo y un Tigre. El Tigre se quería comer al compadre Conejillo, pero nunca lo podía coger porque era tan chiquitito y tan inteligente.

Un día el Tigre encontró al Conejillo solo con varias sogas. El Tigre le dijo:

—Hoy te voy a comer.

—Cómame, cómame; para lo que vamos a pasar.

—Y ¿qué es lo que vamos a pasar?

—No, no me pregunte. Para lo que vamos a pasar, cómame.

El compadre Conejillo tenía un periódico viejo en las manos y le dijo:

—Mire; esta noche va a haber una tormenta muy fuerte. Aquí dice —señalando al periódico—, que sólo aquella palma que está allí va a quedar en pie.

—Ay, pues, amárrame a mí, que tú eres chiquito y a donde quieras te puedes alojar.

Y de esta manera el compadre Conejillo amarró al compadre Tigre en la palma.

Lo dejó allí bien amarrado y se fue.

A los dos o tres días pasaron por allí algunos burros. Uno de ellos sugirió:

—Vamos a soltar a ése que está ahí amarrado.

—No, que nos comerá —respondieron los otros.

Y se fueron.

Después vino un Mono. El Tigre le dijo:

—Ay, Monito, suéltame.

—No, tú me comerás.

—Ay, Monito, no; yo no te como —le prometió.

El Mono se puso a soltarlo. En cuanto el mono terminó, el Tigre lo agarró para comerlo.

Ahora bien, en las ramas más altas de la palma se había escondido el Conejillo. En cuanto vio que el Tigre tenía al Mono, el compadre Conejillo le dijo:

—Eh, compadre Tigre; así no se come el Mono. Tírelo para arriba y luego lo atrapa con la boca abierta.

And that's what the Tiger did. But when he tossed the Monkey in the air, the Rabbit hurled an enormous coconut into his open mouth. The Tiger fell to the ground, and the Rabbit and the Monkey ran away happily.

Another time, the Rabbit was walking down the road when he saw a man passing by with a great load of cheese. The Rabbit sneaked into one of the baskets, and stole several pieces of nice dry cheese. He escaped to the edge of a pond. It was at night, and there was a great moon shining. The Rabbit sat on top of a rock and began to eat the cheese.

When he saw the Tiger approaching, he hid the rest of the cheese, but he kept a piece in his hands.

The Tiger said, "Now I'm really going to eat you up."

"Look, try this." The Rabbit gave him the piece of cheese.

"Hmmm, this is delicious, Friend Rabbit. Where did you get it?"

"I got it from the bottom of that pond."

The Rabbit pointed toward the reflection of the white moon in the water. The Tiger thought the reflection was another cheese.

The Rabbit continued: "I tied a stone to my feet. I threw myself down to the bottom, and look what I found."

"Oh, Friend Rabbit, will you help me do the same thing?"

The Rabbit tied the Tiger to a big stone, and helped him throw himself into the pond. Then the Rabbit picked up the rest of the cheese and left the Tiger in the water.

The Tiger had to struggle and struggle to get out of that pond.

\* \* \*

The Tiger was in love with Lady Fox. The Rabbit made a bet with her that he would ride the Tiger horseback right up to her house.

Just as the Rabbit had suggested, the Fox told the Tiger that she felt like dancing, but that the only decent musician in the neighborhood was the Rabbit. The Tiger told her he would organize a dance. To himself he thought:

Así lo hizo el Tigre. Pero cuando tiró al Mono para arriba, el compadre Conejillo le echó un gran coco en la boca abierta. El Tigre se cayó en el suelo, y el Conejillo y el Mono se escaparon alegres.

En otra ocasión estaba el compadre Conejillo en el camino cuando pasó un señor con una carga de queso. El Conejillo se le metió dentro de las canastas, y le sacó unos cuantos trozos de queso seco. Después se escapó y se fue al lado de un charco. Ya era de noche y había una luna muy grande. El Conejillo se sentó encima de una piedra y se puso a comer queso.

Cuando vio venir al compadre Tigre, escondió los demás quesos, pero se quedó con un pedazo en las manos.

Dijo el compadre Tigre:

—Ay, ahora sí es verdad que te como.

—Mire, tenga y pruebe —y le dio el pedazo de queso.

—Ay, qué bueno está esto, compadre Conejillo. ¿De dónde has sacado esto?

—Mire, lo saqué del fondo del charco.

El Conejillo señaló con la mano el reflejo de la luna blanca en el agua. El Tigre creyó que era otro queso.

El Conejillo continuó:

—Me amarré una piedra en los pies, me tiré allá abajo, y fíjese lo que encontré.

—Ay, pues, compadre Conejillo, amárrame a mí también.

Y el Conejillo le amarró al Tigre una piedra grande, y lo tiró dentro del charco. El compadre Conejillo cogió sus quesos, y dejó al Tigre en el agua.

A duras penas salió el compadre Tigre de dentro de aquel charco.

\* \* \*

El Tigre estaba enamorado de la Zorra, y el compadre Conejillo hizo una apuesta con la Zorra a que iría montado a caballo en el Tigre hasta su casa.

Tal como le sugirió el Conejillo, la Zorra le dijo al Tigre que tenía ganas de bailar, y que el único que sabía tocar bien en aquel barrio era el compadre Conejillo. El Tigre le dijo que organizaría el baile. Por dentro pensó:

"When I bring the Rabbit to play at the dance, I'll be able to eat him. I'll turn off the lights during the dance and then I'll eat him."

The Tiger went to ask the Rabbit to play at the dance. The Rabbit said he would, as long as he was not sick.

On Saturday the Tiger went to pick up the Rabbit. When the Rabbit saw him coming, he covered his head with a lot of leaves and tied a kerchief over them. When the Tiger arrived, he said:

"I'm coming to get you, Rabbit."

"Oh, but I'm dying. I have a terrible fever."

"I'll carry you on my shoulder."

But when he had placed the Rabbit there, the Rabbit fell off and said:

"Oh, I can't sit there like that. Could I get a small cushion I can sit on?"

"All right, get it and put it on me."

He got the cushion, placed it on the Tiger's shoulder, and climbed up. But then he fell again.

"Oh! I just killed myself."

"Look, Friend Rabbit, do something so you won't fall off anymore."

"Listen; why don't I get a couple of old baskets and some riding equipment?"

"All right, get them and put them on."

So the Rabbit saddled up the Tiger. Then he put on some spurs, hopped on the Tiger's back, and tucked his guitar under his arm. He kicked the Tiger with his spurs, and gave him a good slap. The Tiger began to run. Soon they passed in front of the Fox's house, where many people were waiting for the musician.

Then the Rabbit stopped the Tiger and tied him to a palm tree. He went in the house to play music, and soon everyone was dancing.

The Wolf arrived and heard the Tiger shouting.

"Please untie me!"

The wolf untied him, took off the saddle, and they went into the house together.

—Cuando traiga al Conejillo a tocar, podré comerlo. Apagaré las luces durante el baile y entonces me lo comeré.

El Tigre fue y le habló al Conejillo para tocar en el baile. El Conejillo le dijo que sí, que si no estaba enfermo, él lo haría.

El sábado, el compadre Tigre fue a buscar al Conejillo. Cuando éste lo vio venir, se cubrió la cabeza con muchas hojas y se amarró un pañuelo. Llegó el compadre Tigre y dijo:

—A buscarte vengo, Conejillo.

—Ay, yo me estoy muriendo. Tengo una fiebre terrible.

—Yo te llevo al hombro.

Pero cuando intentó colocar al Conejillo, éste se cayó y dijo:

—Ay, yo no puedo ir así. ¿Quiere que le ponga un cojín viejo que tengo allí?

—Ponlo.

Llegó con el cojín, y se montó, y ¡uf! Se cayó otra vez.

—¡Ay! Si yo me he matado.

—Pero, compadre Conejillo, arregla las cosas mejor para que no te caigas.

—Mire, le voy a poner unas canastas viejas y un aparejito viejo.

—Ponlos.

Entonces el Conejillo lo ensilló bien. Después se puso unos espuelines. Se montó y cogió su guitarra debajo del brazo. Le pegó con los espuelines y le dio un azote al Tigre y éste empezó a correr. Pronto pasaron por delante de la casa de la Zorra donde había muchísima gente esperando al músico.

Después el Conejillo paró al Tigre y lo ató a una palma. Entró en la casa para tocar la música, y pronto todo el mundo estuvo bailando.

Llegó el Lobo y oyó los gritos del Tigre:

—Ay, mire; suélteme, por favor.

Y lo soltó, lo desensilló y entraron en la casa.

The Tiger said:

"Friend Rabbit, play me a waltz, and play it very nicely."

"Sure, sure. But I'm playing up on the balcony because it's very hot down here." The Rabbit went upstairs and started playing on the balcony.

While everyone was dancing, the Tiger turned off the lights, but then the Rabbit got away.

The next day when he went to the Fox's house to get his guitar, he found the Tiger waiting for him. The Tiger said:

"Friend Rabbit, you are smarter than I am. You can live in peace now; I won't bother you anymore."

And from that day on he no longer pursued the Rabbit.

Dijo el Tigre:

—Compadre Conejillo, tócame un vals bien tocado.

—Sí, sí. Pero me voy a subir a un balcón porque aquí hace mucho calor.

Efectivamente, subió arriba y se puso a tocar.

Mientras todos bailaban, el Tigre apagó las luces, pero entonces el Conejillo se escapó.

Al día siguiente cuando fue a casa de la Zorra a buscar su guitarra, el compadre Tigre lo estaba esperando y le dijo:

—Compadre Conejillo, usted es más inteligente que yo. Ya puede estar tranquilo, que no le molestaré más.

Y desde aquel día, y desde aquel entonces, no lo volvió a perseguir.

# Appendix

## The Tainos

The indigenous peoples who inhabited Puerto Rico at the time of the first voyage of Columbus were called Tainos. The Tainos were a gentle, friendly people who, 50 years after the first Spaniards arrived in Puerto Rico, had disappeared almost completely. Exploited cruelly by the Spaniards, only about 60 remained in 1542, the year in which a royal decree granted their freedom. In the years that followed, the indigenous population became totally assimilated.

The Tainos had originally come from South America, from the region of the Orinoco River, which is in present-day Venezuela. They arrived in Puerto Rico around 300 A.D., having crossed the sea in large canoes that accommodated up to one hundred men. They knew how to fish and cultivate the earth.

The Tainos were not the first to arrive in Puerto Rico, however. Prior to them, more than two thousand years ago, a group of indigenous people we now call Arcaicos arrived in Puerto Rico, possibly from the coast of Florida. They came in primitive rafts because they did not build canoes. They lived close to the coast, made their living hunting and fishing, and were unfamiliar with agriculture. The Arcaicos were conquered and absorbed by the Araucos, resulting in the Taino culture, which then reached its peak in the thirteenth century.

About one hundred years before the arrival of Columbus in the New World, around 1400, the area was invaded by another indigenous tribe, the Caribs. They also came from the northern coast of South America. Unlike the tranquil Tainos, the Caribs were warriors. But like the Tainos, they were excellent seafarers. They settled on islands to the south and east of Puerto Rico. From there, they attacked the Taino villages located in the eastern part of Puerto Rico. The Tainos' greatest worry at the time of the Spaniards' arrival was defending themselves against the Caribs. They had no idea the white man would prove to be

# Apéndice

## Los taínos

Los indígenas que habitaban Puerto Rico al tiempo del primer viaje de Colón se llamaban taínos. Los taínos eran un pueblo manso y amigable que, 50 años después de haber llegado a Puerto Rico los primeros españoles, habían desaparecido casi por completo. Explotados cruelmente por los españoles, sólo quedaban unos 60 en 1542, año en el que por decreto real se reconoció su libertad. Los años siguientes vieron la asimilación total de la población india.

Los taínos habían venido originalmente de la América del Sur, de la región del Río Orinoco, en lo que es hoy Venezuela, llegando a Puerto Rico alrededor de 300 d.C. Son descendientes de los llamados araucos. Atravesaban el mar en grandes canoas donde cabían hasta cien hombres. Sabían pescar y cultivar la tierra. Pero no fueron los primeros. Antes, hace más de dos mil años, llegaron a Puerto Rico, posiblemente desde la costa de Florida, grupos de indios que hoy llamamos indios arcaicos. Estos llegaban en primitivas balsas, pues no construían canoas. Vivían cerca de la costa. Cazaban y pescaban para vivir, pues no conocían la agricultura. Estos indios arcaicos fueron conquistados y absorbidos por los araucos, dando por resultado la cultura taína, que tuvo su máximo florecimiento en el siglo XIII.

Unos cien años antes de llegar Colón al Nuevo Mundo, alrededor de 1400, el área fue invadida por otra tribu de indios, los caribes. Éstos también venían de la costa norte de la América del Sur. Al contrario de los pacíficos taínos, eran muy guerreros, y al igual que ellos, eran excelentes marineros. Se establecieron en las islas al sur y este de Puerto Rico y, desde allí, atacaban las aldeas taínas del este de Puerto Rico. La mayor preocupación de los taínos, cuando llegaron los españoles, era cómo defenderse contra los caribes. No sabían que el hombre blanco iba a ser un enemigo mucho peor. Es interesante notar que los caribes seguían atacando a Puerto Rico, aun después de a worse enemy. Interestingly, the Caribs continued attacking Puerto Rico even after the disappearance of the Tainos, and a group of Caribs still lives on the island of Dominica.

However, let's return to the story of the Tainos. At the time of the Spaniards' arrival, the Tainos lived in villages called *yucayeques* scattered throughout the island. The names of about 18 of those still remain. Each *yucayeque* had its own chief, and consisted of several houses called *bohíos* built around a plaza called a *batey*. The *bohíos* were round and made of palm or stalks of cane fastened together with rattan. The exception was the chief's *bohío*, which was square. The different social classes were the *nitaínos*, or nobles; the *bohiques*, who were the priests and doctors; and the *naboris* or *naborías*, the workers. The position of chief was inherited.

Since the Indians made their living primarily by farming, each *yucayeque* was surrounded by fields, where the Indians cultivated yucca, corn, sweet potatoes, peanuts, tobacco, and cotton. The most important *yucayeque* was Guainía, near present-day Yauco. Its chief at the time of the Spaniards' arrival was Agueybana. He could speak on behalf of the rest of the chiefs, and he befriended the Spaniards when they arrived in 1508. Upon his death in 1510, his nephew Guaybana inherited the position. Guaybana is the protagonist in the story of the death of Salcedo.

The Tainos did not live with many material possessions, but they did not need them. They dressed minimally. The married women used small aprons called *naguas* (the origin of the Spanish word *enagua*), and the men wore a simple loincloth. The *bohíos* had little furniture. People slept in hammocks and sat directly on the ground. The chiefs sometimes used a low seat called a *dujo*, used more as a symbol of authority than for comfort. For cooking, people used clay pots, plates, and cups, or they used containers found in nature, such as the conch shell. To cultivate the earth, they used a long stick called a *coa*. They fished with wooden hooks and cotton thread. They hunted with bow and arrow. For transportation, they built various types of canoes. The largest were made using fire and stone tools to hollow out a large tree trunk. To move about on la desaparición de los taínos, y que aun hoy en día hay un grupo de caribes que viven en la isla de Dominica.

Pero volvamos a los taínos. En la época de la llegada de los españoles, vivían en aldeas llamadas *yucayeques*, distribuidas por toda la Isla. Se han conservado los nombres de unos 18 de estos *yucayeques*. Cada *yucayeque* tenía su jefe o cacique. El *yucayeque* consistía en un número de casas llamadas *bohíos* construidas alrededor de una plaza llamada *batey*. Los bohíos eran redondos y se hacían de tablas de palma o de cañas amarradas entre sí con bejucos. La excepción era el *bohío* del cacique, que se construía en forma cuadrangular. Las distintas clases sociales eran los *nitaínos*, o nobles, los *bohiques*, que eran los sacerdotes y médicos, y los *naborís* o *naborias*, que eran los trabajadores. El cargo de cacique era hereditario.

Como la ocupación principal de los indios era la agricultura, cada *yucayeque* estaba rodeado de sus campos de cultivo. Se cultivaban la yuca, el maíz, las batatas, el maní, el tabaco y el algodón. El *yucayeque* más importante era Guainía, cerca del actual pueblo de Yauco. Su cacique, en el tiempo de la llegada de los españoles, se llamaba Agueybana y podía hablar en nombre de todos los demás caciques. Se hizo amigo de los españoles cuando éstos llegaron en 1508. A su muerte en 1510 su sobrino Guaybaná heredó su puesto. De él hablamos en el relato de la muerte de Salcedo.

Los taínos no vivían con muchas comodidades materiales, pero no les hacían falta. Usaban poca ropa. Las mujeres casadas usaban pequeños delantales llamados *naguas* (origen de la palabra española *enagua*), los hombres un simple taparrabo. En los *bohíos* había pocos muebles. Dormían en hamacas. Se sentaban directamente en el suelo. Los caciques a veces usaban un asiento bajo llamado *dujo*, que servía más bien como símbolo de autoridad que para la comodidad. Para cocinar, utilizaban ollas, platos y vasos de barro, o bien utilizaban recipientes naturales como la concha de los caracoles. Para cultivar la tierra usaban un palo largo llamado *coa*. Pescaban con anzuelos de madera e hilos de algodón. Cazaban con arco y flecha. Para transportarse, construían canoas de varias clases. Las más grandes se hacían ahuecando el tronco de un árbol grande por medio del fuego y land, they walked. The first horses were introduced by the Spaniards.

In general, the family consisted of parents and children who lived together in one *bohío*. The fathers taught their sons to hunt and fish. They also taught them the culture and customs of the village. The mothers taught their daughters to cook, weave hammocks, and cultivate the fields. The parents demanded respect from their children.

The Tainos believed in a great spirit who protected them: Yucajú. This name had many variants, the most common being Yukiyú. Literally, it means "white yucca," the plant from which flour came for making bread. There was also a malevolent spirit, Juracán. Yucajú was believed to reside in the mountains northeast of the island, near the mountain today known as El Yunque. Juracán lived in the islands southeast of Puerto Rico, which was where the Carib warriors and the great storms originated. The Spanish word, *huracán*, and its English equivalent, *hurricane*, originate from the name of this great malevolent spirit. In addition to these two great spirits, there were others of lesser importance. These included the *cemíes*, represented by idols made of clay, stone, or cotton. This idol was commonly cone-shaped, with two faces carved on opposite sides. The *cemíes* were considered benevolent spirits, but also there were malevolent spirits, the *maboyas*, sidekicks of Juracán, and the *jupías*,[1] apparitions of the spirits of the dead. The *bohiques*, who were both priests and witch doctors, made appeals to the *cemíes* and drove away the *maboyas* and the *jupías*.

Because the Tainos believed in life after death, they buried their dead in a seated position with their knees pulled up to their chest in graves reinforced with boards. Water and food were buried with the body. The chief was buried with all his

---

[1] The principal meaning of *jupia* was that of "soul" as was pointed out in the first story. The Tainos believed that everyone had a *jupia* which continued to live on after the death of the physical body. The *jupias* were therefore disembodied spirits that could continue to inhabit the physical world. Whether these *jupias* were good or bad is a matter of disagreement among those who have studied the Taino culture, but the overall impression seems to be negative.

de herramientas de piedra. Para transportarse en tierra, iban a pie. No hay que olvidar que los primeros caballos llegaron con los españoles.

Por lo general la familia consistía en los padres y los hijos que vivían juntos en un solo *bohío*. El padre enseñaba a los hijos a pescar y cazar. Además les enseñaba la cultura y las costumbres del pueblo. Las madres enseñaban a sus hijas a cocinar, tejer hamacas y cultivar los campos. En general los padres exigían respeto a sus hijos.

Los taínos creían en un gran espíritu protector, Yucajú. Este nombre tenía variantes, el más común de los cuales es Yukiyú. Literalmente, quiere decir "yuca blanca", la planta que les daba la harina para el pan. Había también un espíritu maligno, Juracán. Se consideraba que el primero tenía su morada principal en las montañas del noreste de la Isla, por la montaña que hoy se conoce como el Yunque. El segundo habitaba en las islas al sureste de Puerto Rico, pues de allí venían los guerreros caribes y las grandes tormentas. Del nombre de este espíritu maligno, tenemos la palabra española *huracán* y su equivalente inglés, *hurricane*. Además de los dos grandes espíritus, había otros de menor importancia. Había los llamados *cemíes*, representados por ídolos hechos de barro, piedra o algodón. Comúnmente este ídolo era de forma cónica con una cara tallada a lados opuestos. Los *cemíes* se consideraban espíritus buenos pero también había espíritus malos, los *maboyas*, irradiaciones de *Juracán*, y las *jupías*,[1] apariciones de las ánimas de los difuntos. Los *bohiques* eran a la vez sacerdotes y curanderos que apelaban a la ayuda de los *cemíes* y ahuyentaban a las *maboyas* y a las *jupías*.

Como creían en una vida después de la muerte, enterraban a sus muertos en posición sentada con las rodillas a nivel del pecho en una fosa reforzada con tablas. Ponían agua y alimento al

---

[1] El significado principal de *jupía* es "alma", como se indicó en la primera leyenda. Los taínos creían que cada persona tenía una *jupía*, y que ésta seguía viviendo después de la muerte del cuerpo físico. Las *jupías*, por eso, eran espíritus incorpóreas que sin embargo continuaban a habitar el mundo físico. Si las *jupías* eran buenas o malas es una cuestión bastante discutida entre las personas que han estudiado la cultura taína, pero la impresión parece ser negativa en general.

adornments, and his favorite woman was buried alive with him, to accompany him in the afterlife.

On a lighter note, we turn our attention to the Tainos' holidays and pastimes. They celebrated big parties called *areytos*—the famous *areytos* of the Tainos. In the *areytos*, there was a bit of everything: singing, dancing, learning history, eating, drinking. In short, people enjoyed themselves tremendously. Reasons to celebrate *areytos* were numerous: the wedding of a chief, a good harvest, a war victory—any important event. The events were planned carefully and many days ahead of time, and the whole *yucayeque* participated. The chief initiated the *areyto* in the *batey*, singing verses about the history of the *yucayeque*. Since the Taino language was not written, the *areytos* were used for teaching the history and traditions of the village. The chief sang, accompanied by such musical instruments as the *güiro*, maracas, and drum. The men and women danced, with breaks for eating and drinking. The *areytos* could go on for days.

The Tainos also had their own ball game, which they loved to play. The ball was made of roots and the gum extracted from the trunks of certain trees. The playing field was generally the village *batey*, although some *yucayeques* constructed their own playing fields, often near a river, because the players enjoyed cooling off in the water after a hard game. The game itself was similar to volleyball, without the net. The teams were formed within one *yucayeque*, or they could represent different *yucayeques*. There were teams of men and teams of women. The spectators would bet on their favorite teams, betting adornments, weapons, and tools.

The language of the Tainos has not been preserved in its entirety. It disappeared, together with those who spoke it, before it could be studied seriously by missionaries and scholars. Certain expressions, such as names of native plants and animals, and terms referring to the culture and the customs, still remain. Nonetheless, some Taino words have come to form part of the Spanish spoken in Puerto Rico, Spanish in general, and other languages. These words include the English words *canoe*, *hurricane*, and *hammock*. Others are the Spanish words *bejuco*, *batey*, *maní*, *iguana*, *juey*, and *bohío*. Of course, let's not forget the lado del cadáver. Los caciques eran enterrados con todos sus adornos y se enterraba viva la mujer favorita del cacique para que lo acompañara a la otra vida.

Pasando a un tema menos lúgubre, consideremos un poco las fiestas y diversiones de los taínos. Celebraban unas grandes fiestas que llamaban *areytos*, los famosos *areytos* de los taínos. En los *areytos* había de todo. Se cantaba, se bailaba, se aprendía historia, se comía, se bebía. En fin se gozaba, y a lo lindo. Se celebraba con motivo del matrimonio del cacique, de una buena cosecha, de un triunfo guerrero, o bien para conmemorar un suceso importante. Por lo general se planeaba con cuidado y con varios días de anticipación, y con participación del *yucayeque* completo. El cacique iniciaba el *areyto* en el *batey*, cantando estrofas sobre la historia del *yucayeque*. Como el idioma taíno no se escribía, estos *areytos* servían para enseñar la historia y las tradiciones del pueblo. A medida que el cacique cantaba al acompañamiento de instrumentos musicales como el güiro, las maracas y el tambor, los hombres y mujeres bailaban con ratos de descanso en que comían y bebían. Los *areytos* podían durar varios días.

Y los taínos tenían también su juego de pelota. Les encantaba jugar a la pelota. La pelota se hacía de raíces y de la goma sacada de la corteza de ciertos árboles. El campo de juego era por lo general el *batey* del pueblo, aunque algunos *yucayeques* construyeron sus propios campos de juego, a menudo cerca de un río, pues a los jugadores les agradaba bañarse en el río para refrescarse después del duro juego. El juego en sí era parecido al volibol actual pero sin redes. Los equipos o bien se formaban dentro de un mismo *yucayeque*, o podían representar *yucayeques* distintos. Había equipos de hombres y de mujeres. Y los espectadores apostaban a sus equipos favoritos. Se apostaban adornos, armas y utensilios de trabajo.

No se conserva el idioma de los taínos en su integridad. Desapareció junto con los que lo hablaban antes de que pudiera ser objeto de un estudio serio de parte de misioneros o eruditos. Lo que se conserva son expresiones sueltas, nombres de plantas y animales nativos, y términos que se refieren a la cultura y a las costumbres. Sin embargo, algunas palabras taínas han pasado a name the Indians gave to the island: Boriquén. According to the historian Cayetano Coll y Toste, this word means "land of the brave lord." The variant, Borinquen, which has become popular recently, was apparently created during the nineteenth century.

Coll y Toste has attempted, as a linguistic exercise, to create a prayer in Taino, following the pattern of "The Lord's Prayer," using the words and constructions available to us.

| | |
|---|---|
| Guakía baba | Our Father |
| turey toca | heaven be |
| guamí-ke-ní | lord of land and water |
| guamí-caraya-guey | lord of moon and sun |
| guarico | come to |
| guakía | us |
| tayno-tí | good, tall |
| bo-matún | big, generous |
| busicá | give to the |
| para-yucubía | rain, boniato |
| aje-cazabi | plant, bread |
| juracán-uá | evil spirit, no |
| maboya-uá | ghost, no |
| yukiyú-jan | good spirit, yes |
| Diosá | of God |
| naborí daca | I serve |
| Jan-jan catú | So be it. |

formar parte del español de Puerto Rico, e inclusive del vocabulario español universal y de otros idiomas. Entre éstas últimas se encuentran *canoa, huracán* y *hamaca*. Otras son *bejuco, batey, maní, iguana, juey, bohío*. Y no debemos olvidar el nombre que los indios pusieron a esta isla, Boriquén, que según el historiador Cayetano Coll y Toste significa "tierras del valiente señor". La variante, Borinquen, que se ha popularizado mucho últimamente, fue creada, al parecer, durante el siglo XIX.

Coll y Toste ha intentado también, a manera de un ejercicio lingüístico, crear una oración en taíno siguiendo el patrón del *padrenuestro*, utilizando las palabras sueltas y construcciones del taíno que han llegado hasta nosotros. Héla aquí:

| | |
|---|---|
| Guakía baba | Nuestro padre |
| turey toca | cielo estar |
| guamí-ke-ní | señor de tierra y agua |
| guamí-caraya-guey | señor de luna y sol |
| guarico | ven a |
| guakía | nosotros |
| tayno-tí | bueno, alto |
| bo-matún | grande, generoso |
| busicá | da a |
| para-yucubía | lluvia, planta |
| aje-cazabi | boniato, pan |
| juracán-uá | espíritu malo, no |
| maboya-uá | fantasma, no |
| yukiyú-jan | espíritu bueno, sí |
| Diosá | de Dios |
| naborí daca | siervo yo |
| Jan-jan catú | Así sea. |

# English-Spanish Vocabulary
# Vocabulario inglés-español

All words that appear in the text are included here, except for exact or very close cognates, definite articles, some pronouns, cardinal numbers, and names of people, months, and days.

The following abbreviations are used:

*adj.*, adjective
*adv.*, adverb
*f.*, feminine
*fig.*, figuratively

*m.*, masculine
*n.*, noun
*v.*, verb

Gender is shown for most nouns, except masculine nouns that end in -o, feminine nouns that end in -a, or nouns referring to male or female beings.

## A

**a bit** un poco
**abandon** abandonar
**ablaze** en llamas
**abolish** abolir
**absence** ausencia
**absent-minded** despistado
**abyss** abismo *(m.)*
**accomplish** llevar a cabo
**acquaintance** *(n.)* conocido, -a
**address** discurso *(m.)*
**admire** admirar
**advice** *(n.)* consejo
**advise** aconsejar
**affectionately** cariñosamente
**afterlife** vida después de la muerte
**afterward** posteriormente
**aid** ayuda
**alive** vivo, -a
**allow** permitir
**along** a lo largo (de)
**alter** alterar

**ambiguous** ambiguo, -a
**among** entre
**anecdote** anécdota
**anger** enojo
**anguish** angustia
**anthem** himno
**Antilles** Antillas
**anxiety** ansiedad *(f.)*
**apparition** *(n.)* aparecido, -a
**appear** aparecer
**approach** acercarse
**aquatic** acuático, -a
**arise** surgir
**armed** armado, -a
**arrest** arresto
**artillery man** artillero
**ascend** subir
**ashamed: you should be ashamed of yourself** te debería dar vergüenza
**assist** ayudar
**assume** suponer

assure asegurar
at least por lo menos
at once en seguida
at the strike of al toque de
attest atestiguar
auditorium auditorio
autumn otoño
avenge vengar
avoid evitar
await esperar
awake despertarse
awe admiración *(f.)*
awhile un rato
ax hacha

# B

babble barboteo
bad luck mala suerte
balcony balcón
bald head calva
ball park parque de pelota
bank orilla de un río
baptism bautizo
barber peluquero, -a
barbershop peluquería
barely apenas
bark ladrar
barren árido, -a
barricade barricada
bask bañarse
basket cesto
bathe bañarse
battered golpeado, -a
battle batalla
battleground campo de batalla *(m.)*
be able ser capaz
be on one's way ir rumbo, ir en
  camino
be up levantarse
be up against estar en contra de
be upon estar encima
beach playa
beam *(v.)* rebosar
bear *(v.)* llevar
beard barba

beg rogar
behave comportarse
beings seres *(m.)*
belief creencia
belly button ombligo
belong pertenecer
belongings pertenencias
beloved amado, -a
besiege asediar
bid farewell despedirse
birdhouse casita para pájaros
bite *(v.)* morder
bitterly amargamente
blackout apagón *(m.)*
blade navaja
blast perforar
bless bendecir
blood sangre *(f.)*
blossom *(v.)* florecer
blow golpe *(m.);* huge blow
  golpetazo
board *(v.)* abordar
boarding hooks ganchos para
  abordar
boat bote *(m.)*
bone hueso
bonfire fogata
booty botín *(m.)*
border *(v.)* limitar
bow inclinar la cabeza, hacer
  reverencia
boyfriend novio
brag hacer alarde
branch rama
bravely valientemente
break up deshacer
breeze brisa
brew formar (una tormenta)
bridge puente *(m.)*
bronze bronce *(m.)*
brunette trigueña
brush past pasar rozando
bull toro
bullet bala
bully abusador
bunch montón *(m.)*

**bunk** litera
**burst out** echarse a
**bury** enterrar

# C

**calm down** calmar
**camouflage** camuflaje *(m.)*
**camp: set up camp** instalar equipo
**candle** vela
**cannon** cañón *(m.)*
**cannonball** bala de cañón
**canoe** canoa
**canonize** canonizar
**capture** capturar
**care** cuidado
**cargo** cargamento
**carry out** llevar a cabo
**carve** labrar
**castle** castillo
**cathedral** catedral *(f.)*
**cattle** ganado
**cave** cueva
**cavern** gruta
**celestial body** cuerpo celestial
**century** siglo
**change** cambio
**chant** cantar
**chapel** capilla
**chaplain** capellán
**charming** encantador, -a
**chat** platicar
**chilling** escalofriante
**chills** *(n.)* escalofrío
**choir** coro
**choppy** picado, -a
**church** iglesia
**cigar** puro
**claim** reclamar
**cliff** peñasco
**close friend** compadre *(m.)*
**close in** *(v.)* acercarse
**close off** sellar
**closed off** encerrado, -a
**coast up** costear, deslizar
**coconut** coco

**come out** salir
**commencement** graduación
**comply** cumplir
**comrade** compañero, -a
**condemn** condenar
**confirm** confirmar
**confront** enfrentar
**conical** cónico, -a
**consent** consentir
**console** consolar
**contaminate** contaminar
**convulsion** convulsión *(f.)*
**cooking pot** caldero
**cool off** refrescarse
**cot** catre *(m.)*
**covet** codiciar
**craft** *(v.)* crear
**creation** creación *(f.)*
**creator** creador
**crew** tripulación *(f.)*
**crowning glory** adorno natural
   (cabellera)
**cruelly** cruelmente
**crutches** muletas
**curiosity** curiosidad *(f.)*
**curse** *(v.)* maldecir,
   *(n.)* maldición *(f.)*
**curve** curva
**cushion** cojín *(m.)*
**custom** costumbre *(f.)*
**cut off** cortar

# D

**dagger** daga
**damage** daño
**damp** húmedo, -a
**Danish** danés, danesa
**dare** atreverse
**date back** remontarse
**dawn** amanecer *(m.)*
**dearly** profundamente
**death** muerte *(f.)*
**deceased** fallecido, -a
**deck** cubierta de barco
**deed** obra

**deep** profundo, -a
**defend** defender
**delirious** delirante
**deliver** entregar
**deny** negar
**descendent** descendiente *(m.)*
**despite** a pesar de
**deviate** desviar
**device** aparato
**devil** diablo
**devote** dedicarse
**dialect** dialecto
**diamond** diamante *(m.)*
**dig** cavar
**disappear** desaparecer
**disappearance** desaparición *(f.)*
**disguise** disfraz *(m.)*
**dismiss** dejar ir
**disturbance** alboroto
**docile** dócil
**doctorate degree** doctorado
**doubt: no doubt** sin duda
**downhill** cuesta abajo
**downpour** aguacero
**downright** completamente
**drag** jalar
**draw near** acercarse
**drop out** dejar
**due to** debido a
**duel** duelo
**duty** guardia
**dweller** habitante

# E

**earn** obtener
**ease** facilidad
**edge** orilla
**embarrass** avergonzar
**embody** incluir, incorporar
**emerge** salir
**enchantment** encanto
**enemy** enemigo
**enjoy** disfrutar
**enslave** esclavizar
**ensue** seguir

**envy** envidia
**erect** erigir
**escort** escolta
**essayist** ensayista *(m. & f.)*
**evening** atardecer
**events** sucesos; eventos
**evil** maligno, -a
**evoke** evocar
**exaggerate** exagerar
**execute** ejecutar
**exhausted** exhausto, -a
**exile** exilio
**expect** esperar
**expel** expulsar
**explanation** explicación *(f.)*
**extraterrestrial** extraterrestre

# F

**face out** mirar hacia afuera
**fact** hecho
**factory** fábrica
**faith** fe *(f.)*
**faithful** fiel, leal
**fake** falso, -a; postizo, -a
**fall asleep** quedarse dormido, -a
**familiar** conocido, -a
**faraway** lejano, -a
**fate** destino
**fear** temor
**feel one's way** guiarse a tientas
**fellow** tipo
**female** hembra
**fertile** fértil
**fever** fiebre *(f.)*
**feverish** febril
**field** campo
**fierce** feroz
**find out** enterarse
**fire** *(n.)* fuego
**fire** *(v.)* disparar
**fiery** fogoso, -a
**fisherman** pescador
**flag** bandera
**flatter** adular
**flaunt** ostentar

**flee** huir
**flint** de piedra
**flirt** coquetear
**flirtatious** coqueto, -a
**flirting** (n.) coqueteo
**flood** inundación (f.)
**fly** mosca; (fig.) señorita del manto prieto
**flying saucer** platillo volador
**focus** enfoque
**foggy** brumoso, -a
**following** siguiente
**foolish** bobo, -a
**force: by force** a la fuerza
**forehead** frente (f.)
**foreman** capataz
**forgiveness** perdón
**fowl** aves (f.)
**fox** zorro, -a
**free** (adj.) libre
**freedom** libertad
**frighten** asustar
**frown** hacer gestos
**fruit** fruto, -a
**full moon** luna llena
**furious** furioso, -a

# G

**gallant** galante
**gather** juntar
**Geiger counter** contador Geiger
**gesture** (v.) señalar con un ademán
**gin** ginebra
**give away** delatar
**give way** dar origen, abrirse, desplomarse
**god** dios
**godmother** comadre (f.)
**good Lord!** ¡Santo Señor!
**good-hearted** de buen corazón
**gossip** chisme
**governor** gobernador
**grab** agarrar
**grant** conceder
**grateful** agradecido, -a

**grave site** lugar de sepulcro (m.)
**greatness** grandeza
**grove** arboleda
**grow back** crecer de nuevo
**guard** (n.) guardia (m.)
**gun port** cañonera
**gunfire** tiroteo

# H

**haircut** corte (m.) de pelo
**halt** detener
**hand** mano; **at hand** a la mano, cerca; **hand to hand** mano a mano
**handle** manija
**handsome guy** guapetón (m.)
**happiness** felicidad (f.)
**harm** dañar, lastimar
**harvest** (n.) cosecha; (v.) cosechar
**haughty** altanero, -a
**head chief** jefe al mando
**head out** dirigirse
**headlines** titulares (m.)
**heal** curar
**heaven, heavens** cielo
**herb** hierba
**hesitant** vacilante
**hesitate** vacilar
**heyday** mejor tiempo
**hide** (v.) esconder
**hiding place** escondite (m.)
**high and low** arriba y abajo
**hill** colina
**hilltop** cima de una colina
**historian** (n.) historiador, -a
**hit** golpear
**hitchhike** pedir pon; pedir aventón
**hole** hoyo
**holiday** día festivo
**hollow** hueco, -a
**holy** santo, -a; sagrado, -a; **Holy Week** Semana Santa
**home team** equipo local
**homeless** sin hogar

honey miel *(f.)*
honeymoon luna de miel
hopeless sin esperanza
hostage rehén
hover cernirse
hull casco de una nave
humble humilde
hunger hambre *(f.)*
hunt down perseguir
hurl lanzar
hurricane huracán
hut choza
hypnotize hipnotizar

## I

idealize idealizar
idol ídolo
illness enfermedad *(f.)*
image imagen *(f.)*
imbecile imbécil
immaculate inmaculada
immortal inmortal
impose imponer
impress impresionar
inadvertently sin darse cuenta
indigenous indígena
industrialization industrialización *(f.)*
infer deducir, inferir
inhabitant habitante *(m.)*
inning entrada (béisbol)
inspire inspirar
interpreter intérprete *(m. & f.)*
intervene intervenir
iron hierro *(m.)*
irritate hacer enojar
islet isleta
item artículo

## J

jewelry joyas
jittery alborotado, -a
journalist reportero, -a
journey viaje *(m.)*

judge *(n.)* juez *(m.)*
judge *(v.)* juzgar

## K

keep quedarse con; keep off
dejar de; keep watch estar
alerta
kerchief pañuelo
kidnap secuestrar
kneel arrodillarse
knock tocar a la puerta
knoll loma

## L

lack falta
lame cojo, -a
land *(v.)* caer
lane carril *(m.)*
language idioma *(m.)*
lantern linterna
latter último, -a
law ley *(f.)*
lead llevar a
leading *(adj.)* principal
let go soltar (ue)
let up calmar
lick lamer
lift levantar
light *(v.)* encender
lighthearted placentero, -a
likeness semejanza
likewise del mismo modo
lily lirio
line up hacer fila
linger around seguir de cerca
link unir
lock enlazar
lodge: lodge a complaint
denunciar
look for buscar
look like parecerse a
luck suerte *(f.)*
lucrative lucrativo, -a
lulling song arrullo

lush frondoso, -a; suntuoso, -a
lyrics letra de una canción

# M

macabre macabro, -a
madman loco
majestic majestuoso, -a
make a fool hacer tonto
make fun burlarse, mofarse
mane cabellera
mass misa
master dueño, -a
mate compañero, -a
mediation mediación (f.)
melancholy melancolía
mercy misericordia
messenger mensajero
midnight medianoche
midst en medio
miracle milagro
miraculous milagroso, -a
misadventure desventura
mischievously maliciosamente
miss fallar
mixture mezcla
moonlight luz de luna
mound cajón (béisbol)
mountain montaña, cerro
mountaineer (n.) andinista (m. & f.)
mountaineering (adj.) montañés, montañesa
mud lodo
mutineer amotinador
mystery misterio

# N

native-born nativo, -a
needy necesitado
neighborhood vecindario
news noticia
nickname mote (m.), apodo
nightmare pesadilla
no match sin comparación
nonetheless sin embargo

not yet todavía no
notorious notorio
nun monja

# O

obey obedecer
office puesto
oil aceite (m.)
on one's behalf en nombre de
once again una vez más
open sea mar adentro
opening abertura
orthopedic ortopédico
outcome resultado
outdated pasado de moda
outfit traje
outsider forastero, -a
outskirts afueras
outstanding sobresaliente
overcome vencer
overseer encargado, -a
overtake dar alcance
overturn derribar
owe deber
own (adj.) propio, -a
owner dueño, -a

# P

pain dolor (m.)
parson párroco
pass along pasar por
pass it on contar
passageway pasaje
path sendero, vereda
patron saint santo patrón
pay: I'll make you pay for this
    te las voy a cobrar
peak punto culminante
peasant campesino, -a
peek echar un vistazo
peel (n.) cáscara
penalty pena
perplexed confuso, -a
perturb perturbar

picturesque pintoresco, -a
piece trozo
pierce perforar
pique *(v.)* despertar
pirate pirata *(m.)*
pitcher lanzador *(m.)*
place *(v.)* poner
placid plácido, -a
plantation plantío
play a role jugar un papel
play hard to get hacerse el (la) desinteresado, -a
playground sitio de recreo
playwright dramaturgo
plea ruego
pleasant placentero, -a
pleasure placer *(m.)*
plot parcela
point-blank range *(adv.)* a quemarropa
politely cortésmente
pond charco
ponder preguntarse
poppy amapola
populate poblar
pose hacer (una pregunta)
post puesto
pot olla
precious stone piedra preciosa
prefer preferir
prevail prevalecer
previous anterior
prey presa
priest sacerdote
prior antes
prisoner prisionero, -a
procession procesión *(f.)*
proclaim proclamar
profound profundo, -a
progress progreso
prologue prólogo
prompt rápido, a tiempo
prop up enderezar
prophet profeta *(m.)*
protagonist protagonista *(m. & f.)*
provide proporcionar

provision provisión *(f.)*
pry open abrir forzando con palanca
punishment castigo
pursue perseguir
pursuer perseguidor
put an end (to) dar fin (a)

# Q

quake temblor *(m.)*

# R

rag doll muñeca de trapo
raid ataque inesperado
rant despotricar
rarely rara vez
rattan bejuco
ravage devastar
rave rabiar
ray rayo
reach alcanzar, llegar a
realize darse cuenta
rebel rebelarse
recall recordar
recourse recurso
reef arrecife *(m.)*
reflect reflexionar
refuse negar
regain recobrar
rehearsal ensayo
relate contar
rely depender de
remain quedar
repair reparación *(f.)*
repent arrepentirse
repercussion repercusión *(f.)*
replacement reemplazo
replenish reabastecer
reprimand *(v.)* reprimir
request *(n.)* pedido
rescuer rescatista *(m.)*
research *(n.)* investigación *(f.)*
resemble parecerse a
resistance resistencia

**retract** retroceder
**reveal** revelar
**ride horseback** montar a caballo
**riding gear** aparejito
**rights** derechos
**rimmed** bordeado, -a
**rise** levantar
**roam** vagar
**roar** *(n.)* rugido
**robbery** robo
**roll** *(v.)* rodar
**rostrum** plataforma
**rough** difícil
**route** ruta
**run away** escapar
**run out** acabar
**rustic** rústico, -a

# S

**sacred** sagrado, -a
**sacrifice** *(v.)* sacrificar
**saddle up** ensillar
**sadness** tristeza
**sail** vela
**sailor** marino
**saint** *(n.)* santo, -a
**sanctuary** santuario
**sardine** sardina
**savage** salvaje
**scandal** escándalo
**scenery** escenario, paisaje
**schooner** goleta
**scorch** incendiar
**scoreboard** marcador (de puntaje)
**search** buscar
**search party** grupo de búsqueda
**seashell** concha de mar
**secluded** recluido, -a
**seek** buscar
**senior** mayor
**sentence** sentenciar
**sentry** centinela *(m.)*
**sentry box** garita de centinela
**serenade** serenata

**set** poner
**set out** poner en marcha; proponerse a
**set the tone** poner el ejemplo
**setting sun** puesta de sol
**settlement** colonia
**severe** severo, -a
**sewing needle** aguja
**shadow** sombra
**shaky** tembloroso, -a
**share** compartir
**shattered** deshecho, -a
**shelter** *(n.)* refugio
**shift** *(n.)* turno
**shine** brillar
**ship** barco
**shocked** sorprendido, -a
**shoot through** entrar violentamente
**shore** costa, playa
**shot of whiskey** trago de whiskey
**sick** enfermo, -a
**sidewalk** acera
**sigh** suspiro
**sighting** aparición *(f.)*
**sign** señal *(f.)*
**silky** sedoso, -a
**silly** tonto, -a
**sink** *(v.)* hundir
**sinuous** sinuoso, -a
**site** lugar *(m.)*
**size** tamaño
**skill** habilidad *(f.)*
**skin** tez *(f.)*; piel *(f.)*
**slave** esclavo, -a
**slave trade** comercio de esclavos
**slender** delgado, -a
**slice** *(v.)* tajar, cortar
**slightest** el (la) más mínimo, -a
**slip out** escapar
**slither** deslizarse
**slow down** disminuir de velocidad
**smile upon** sonreír sobre
**smirk** sonrisa presuntuosa
**smolder** humear
**snake** serpiente *(f.)*

**solemn** solemne
**sorcerer** hechicero
**sorrow** pena
**soul** alma
**sour** agrio, -a
**source** fuente *(f.)*
**space being** ser del espacio,
    extraterrestre
**Spaniard** español, -a
**spare one's life** salvar la vida
**specter** *(n.)* aparecido, -a
**spell** hechizo; **cast a spell**
    hechizar
**spin** girar
**spirit** espíritu *(m.)*
**spot** *(n.)* lugar; *(v.)* ver
**spread among** extender entre
**spur** *(n.)* espuelín *(m.)*
**squall** chubasco
**squelch** destrozar
**stare** fijar la vista
**station** *(v.)* colocar, asignar
**statue** estatua
**steal** robar
**steal away** esconderse
**steal into** desaparecer
**step in** intervenir
**stone** piedra
**storm** tormenta
**stormy** tormentoso, -a
**storyteller** narrador de cuentos
**stray** extraviar
**stream** corriente *(f.)*; arroyo
**stretch** extender
**strife** rivalidad *(f.)*, conflicto
**strike dumb** enmudecer
**stroll** caminar
**strong will** carácter fuerte
**struggle** forcejar
**stutter** balbucear
**subdue** someter, atrapar
**suburb** suburbio
**succumb** sucumbir
**sugar cane** caña de azúcar
**suit** *(n.)* traje
**suitor** pretendiente *(m.)*

**sunrise** amanecer *(m.)*
**sunset** puesta del sol *(f.)*
**supplies** provisiones *(f.)*
**surrender** darse por vencido, -a
**surround** rodear
**survive** sobrevivir
**suspect** sospechar
**swarm** llenar
**sweetheart** querido, -a
**swift** veloz
**sword** espada

# T

**tactic** táctica
**taint** corromper
**take advantage** aprovechar
**tale** cuento
**talk of the town** chisme del
    pueblo
**tear down** destruir
**teeming** abundante
**temperament** temperamento
**tempt** tentar
**temptation** tentación *(f.)*
**tenderness** ternura
**testimony** testimonio
**thermos** termo
**threat** amenaza
**thrive** nutrir
**throughout** a través de todo
**thunderous** atronador(a)
**tin** lata
**tinderbox** yesquero
**titled** titulado, -a
**tomb** tumba
**tow** remolcar
**toward** hacia
**trail** *(v.)* seguir
**trait** cualidad *(f.)*
**tranquil** tranquilo, -a
**trap** trampa
**traveler** viajero, -a
**treatment** tratamiento
**tremble** temblar
**trick** *(v.)* engañar

**trickle** escurrir
**trickster** tramposo, -a
**troop** tropa
**trousseau** ajuar de novia *(m.)*
**truly** en realidad
**trunk** tronco
**try** *(v.)* probar (ue)
**tuber** tubérculo
**turn around** voltear
**turn into** convertirse en
**turn out** resultar
**turn over** entregar; volcar
**turn to** hacer uso de

# U

**unbecoming** no atractivo, -a
**uncomplicated** sencillo, -a
**uncover** descubrir
**underground** subterráneo, -a
**underwater** por debajo del agua
**uneasy** inquieto, -a
**unexpected** sin aviso
**unfortunate** desafortunado, -a
**unnoticed** inadvertido, -a
**unrest** inquietud *(f.)*
**unsaddle** desensillar
**upon** sobre
**uprise** rebelión *(f.)*
**uproot** arrancar de raíz
**urge** incitar
**useless** inútil
**utter** pronunciar

# V

**vain: in vain** en vano
**valiantly** con valor
**valley** valle *(m.)*
**vegetable** verdura
**vein** vena
**venture** aventurar
**vessel** navío
**victim** víctima
**view** vista

**virtue** virtud *(f.)*
**virtuous** virtuoso, -a
**voluptuous** voluptuoso, -a
**vow** jurar

# W

**waltz** vals *(m.)*
**wane** desaparecer
**ward off** ahuyentar
**warning** advertencia
**warrior** guerrero
**watch over** cuidar
**water line** línea de flotación
**wave** ola
**weapon** arma
**wedding** boda
**well** pozo
**well-to-do** próspero, -a
**wherever** dondequiera
**whim** capricho
**wild** salvaje
**wildfire** incendio descontrolado;
  **spread like wildfire** se difundió
  rápidamente
**win over** ganarse el afecto
**windy** ventoso, -a
**wish** deseo
**witch** bruja
**witchcraft** brujería
**with regard to** en relación con
**witness** *(v.)* ser testigo, -a
**wolf** lobo
**works** obras de arte
**worship** alabar
**worthy** digno, -a
**would-be** que sería
**wound** *(n.)* herida; *(v.)* herir

# Y

**year** año
**young** *(adj.)* joven *(pl.:* jóvenes)
**young man (woman)** *(n.)* el joven
  (la joven)

# Vocabulario español-inglés
# Spanish-English Vocabulary

All words that appear in the text are included here, except for exact or very close cognates, definite articles, some pronouns, cardinal numbers, and names of people, places, months, and days.

The following abbreviations are used:

*f.*, feminine
*fig.*, figuratively
*m.*, masculine
*v.*, verb

Gender is shown for all nouns, except masculine nouns that end in **-o,** feminine nouns that end in **-a,** or nouns referring to male or female beings. Irregular verbs are marked with *(irreg.)*. Stem-changing verbs have the change indicated in parentheses: **cerrar (ie), contar (ue), pedir (i)**. Verbs like **conocer** have **(zc)** in parentheses. Verbs like **construir** have **(y)** in parentheses.

## A

**a** to, at, from, by, on; **a pesar de** in spite of
**abajo** under, below
**abandonar** to leave, to abandon
**abierto, -a** open, opened
**abismo** abyss
**abolición** *(f.)* abolition
**abolir** to abolish
**abordaje** *(m.)* the act of boarding a ship
**abrigo** shelter
**abrir** to open
**absorber** to absorb
**absurdo, -a** absurd
**abundar** to abound
**acabar(se)** to finish, end; **acabar de** to have just
**acaparar** to monopolize
**acariciar** to caress
**acaso** by chance
**acceder** to agree (to), accede
**accidentado, -a** troubled, agitated
**aceite** *(m.)* oil
**aceptar** to accept
**acerca de** about, with regard to
**acercar(se) (qu)** to approach
**acero** steel
**acompañamiento** accompaniment
**acompañar** to accompany
**aconsejar** to advise
**acosar** to pursue relentlessly
**actitud** *(f.)* attitude, position
**acto** deed
**actuar** to act
**acuartelar** to quarter
**acuático, -a** aquatic; pertaining to water

157

**acudir** to go or come to the rescue
**acuerdo** agreement; **de acuerdo a** in accordance with; **de acuerdo** in agreement
**acumular** to accumulate
**adelante** ahead; **en adelante** henceforth, in the future; **más adelante** farther on
**además** furthermore, besides
**admirar** to admire, to astonish
**adolescente** adolescent
**adorar** to adore, worship
**adorno** ornament
**adquirir (ie)** to acquire
**adversario** opponent
**adverso, -a** adverse
**afamado, -a** famous
**afecto** affection
**afectuosamente** affectionately
**afirmar** to affirm
**africano, -a** African
**agarrar** to grasp
**agencia** agency; **agencia noticiosa** news agency
**agente** *(m.)* agent
**agotar** to exhaust
**agradable** agreeable
**agradar** to please, like
**agradecer (zc)** to be grateful for
**agregar** to add
**agrícola** agricultural
**agricultor, -a** farmer
**agrio, -a** sour
**agua** *(f.)* water
**aguacero** heavy shower of rain
**aguardiente** *(m.)* brandy
**aguja** sewing needle
**agujero** hole
**ahogar (gu)** to drown
**ahuecar (qu)** to make hollow
**ahuyentar** to drive away
**aire** *(m.)* air
**ajuar** *(m.)* bridal apparel and furniture (trousseau)
**alambre** *(m.)* wire; wire fence

**alarde** *(m.)* boasting; **hacer alarde** to boast, brag
**alborotar** to agitate, excite
**alboroto** disturbance, fuss
**alcalde** *(m.)* mayor
**aldea** village
**alegremente** cheerfully
**alejar(se)** to move (something) away, go away
**alfabético, -a** alphabetical
**algo** some; something
**algodón** *(m.)* cotton
**alguien** somebody, someone
**alguno, -a** some
**alimentar** to feed, nourish
**alimento** food
**alistar** to enlist, to get or make ready
**aliviar** to alleviate, relieve
**alivio** alleviation
**allá** there
**allí** there
**alma (el)** *(f.)* soul
**alrededor** around; **alrededor de** about, around
**altivo, -a** haughty, overbearing
**alto, -a** high, tall
**alumbrar** to light up
**amanecer (zc)** to dawn; *(m.)* dawn, daybreak
**amante** *(m. & f.)* lover
**amapola** poppy
**amar** to love
**amargamente** bitterly
**amargura** bitterness
**amarillo, -a** yellow
**amarrar** to tie, fasten
**ambiguo, -a** ambiguous
**ambos** both
**amenazar** to threaten
**ameno, -a** pleasant
**amigable** friendly
**amigo** friend
**amo** master
**amor** *(m.)* love
**amotinado** mutineer

**amparar** to shelter
**amparo** aid; protection
**ampliar** to amplify
**amplio, -a** ample, large
**ancho, -a** broad, wide
**anciano, -a** old (man, woman)
**andar** *(irreg.)* to walk; to go
**anécdota** anecdote
**angustia** anguish
**angustiado, -a** grieved, worried
**ánima** soul
**animar** to animate, enliven; to
    cheer, encourage
**animarse** to cheer up
**ante** before; in the presence of
**anterior** former
**antes** before; **antes de** before;
    **antes que** before
**anticipación** *(f.)* anticipation
**Antillas** West Indies
**anunciar** to announce
**anzuelo** fishhook
**añadir** to add
**año** year
**apagón** *(m.)* blackout, outage of
    electricity
**aparato** apparatus
**aparecer** **(zc)** to appear
**aparecido, -a** ghost
**aparejito** riding gear
**aparente** apparent
**aparición** *(f.)* apparition
**apartamento** apartment
**apartar** to separate
**apelar** to appeal
**apenas** scarcely, hardly; no sooner
    than
**apéndice** *(m.)* appendix
**apertura** opening
**aplazar** **(c)** to postpone
**aplicar** **(qu)** to apply
**apoderar(se)** to take possession of
**apostar** **(ue)** to bet
**apreciar** to appreciate
**aprender** to learn
**apresar** to seize

**aprovechar** to take advantage of
**arar** to plow, labor
**árbol** *(m.)* tree
**arboleda** grove
**arco** bow
**arder** to burn
**ardid** *(m.)* trickery
**ardiente** passionate
**árido, -a** barren
**arma** weapon
**armado, -a** armed
**armar** to arm
**aromático, -a** aromatic, fragrant
**arrabal** *(m.)* suburb
**arrancar** **(qu)** to pull out
**arrastrar** to drag
**arreglar** to arrange; to settle
**arrodillar(se)** to kneel down
**arroyo** small stream
**arrullar** to lull
**artefacto** device
**artillería** artillery
**artillero** gunner, artilleryman
**artista** *(m.)* artist
**asalto** assault, attack
**asediar** to besiege
**asegurar** to affirm
**asesino** murderer
**así** so, thus, in this manner,
    therefore
**asiento** seat
**asomar** to begin to appear
**asombro** amazement, astonishment
**asunto** subject, matter, affair
**asustar** to frighten, scare
**atacar** **(qu)** to attack
**ataque** *(m.)* attack
**atardecer** *(m.)* sunset
**atento, -a** attentive, heedful
**aterrorizar** **(c)** to frighten, terrify
**atracción** *(f.)* attraction
**atraer** *(irreg.)* to attract
**atrapar** to trap
**atrás** behind
**atravesar** **(ie)** to pierce, cross, go
    through

atreverse to dare
atropellar to trample, run over
auditorio audience
auge *(m.)* supreme height; apogee
aumentar to increase
aun even
aún yet, still
aunque though
automóvil *(m.)* automobile
autor *(m.)* author
autoridad *(f.)* authority
auxilio aid, help
avergonzar (ue) to shame
avergonzar(se) (ue) to be ashamed
averiado, -a damaged,
    malfunctioning
averiguar to investigate, find out
avisar to inform, give notice of
ayudar to aid, help, assist
azotea flat roof
azúcar *(m.)* sugar
azul blue

## B

bailar to dance
baile *(m.)* dance
bajar(se) to go down, lower,
    descend; to get off, get down
bajo, -a low, short, under,
    underneath, below
bala bullet
balcón *(m.)* balcony
balbucear to stammer
baloncesto basketball
balsa raft
banana banana
banco bank
bandera flag
bañar(se) to bathe
barba beard
barbería barbershop
barco boat
barricada barricade
barrio neighborhood
barro clay

basar(se) to base
bastar to be enough
batalla battle
batallón *(m.)* battalion
batata sweet potato
batería battery
batey village square, plaza
batir to beat
bautizo baptism
béisbol *(m.)* baseball
bejuco reed
bellamente beautifully
belleza beauty
bello, -a beautiful
bendecir (i) (j) to bless; **Dios lo
    (la) bendiga** God bless you
besar to kiss
bestia animal
bien well; **bienes** *(m.)* property,
    riches
biografía biography
blanco, -a white
blanco *(m.)* target
blando, -a soft
bobo fool, dunce
boca mouth
boda wedding
bohío hut, house
bolsa bag, purse
bombardear to bombard
bondad *(f.)* goodness
bordear to border
boricua Puerto Rican
Boriquén *(m.)* name given by the
    Aruaca Indians of pre-Columbian
    era to the island of Puerto Rico
Borinquén *(m.)* hispanicized form
    of Boriquén
borrascoso, -a stormy
bosque *(m.)* forest, woods
botar to throw away
botella bottle
botellón *(m.)* large bottle
botín *(m.)* booty
brazo arm
brillante brilliant

**brindar** to offer, present
**brisa** breeze
**bronceado, -a** tanned
**brotar** to bud; bring forth, sprout
**bruja** witch
**bueno, -a** good
**burlar(se) (de)** to make fun of, to laugh at
**burlón, -a** scoffing; making fun of
**buscar (qu)** to look for

# C

**caballero** gentleman
**caballo** horse
**cabellera** hair
**cabello** hair
**cabeza** head
**cabo** corporal; end; **llevar a cabo** to carry out
**cacique** *(m.)* chief (Indian)
**cada** every
**cadáver** *(m.)* dead body
**cadena** chain
**cadera** hip
**caer(se)** *(irreg.)* to fall (down)
**café** *(m.)* coffee; restaurant
**cajón** *(m.)* **(del lanzador)** pitcher's mound
**calcular** to calculate
**caldero** big cooking pot
**caliente** hot
**callar** to be quiet
**calle** *(f.)* street
**calma** calm
**caluroso, -a** warm, hot
**calva** bald head
**camastra** cot
**cambiar** to change, exchange
**cambio** change
**caminar** to walk; go
**camino** way
**campana** bell
**campesino** farmer, peasant
**campiña** field, country, landscape
**campo** field, country, rural area

**canal** *(m.)* channel
**canoa** canoe
**canonizar** to canonize
**cántico** canticle, song
**canasta** basket
**cantidad** *(f.)* quantity
**cansancio** tiredness
**cansar(se)** to tire, get tired
**cantar** to sing
**canto** song
**caña** cane
**cañón** *(m.)* cannon
**capataz** *(m.)* overseer
**capellán** *(m.)* chaplain
**capilla** chapel
**capitán** *(m.)* captain
**capricho** whim, fancy
**capturar** to capture
**cara** face
**caracol** *(m.)* shell
**carácter** *(m.)* character; trait
**caracterizar (c)** to characterize
**carga** load
**cargar (gu)** to carry (a load)
**caribe** *(m. & f.)* Carib
**cariñosamente** affectionately
**carrera** race; career
**carretera** road, highway
**carril** lane
**carta** letter
**casa** house
**casar(se)** to marry, get married
**casabe** *(m.)* cassava
**cáscara** peel
**casco** cask; hull of a ship
**caso** case
**castigar (gu)** to punish
**castigo** punishment
**castillo** castle
**casucha** hut
**católico, -a** Catholic
**causar** to cause
**cayo** islet; rock, shoal
**cazar (c)** to hunt
**ceder** to cede, yield
**celebrar** to celebrate

**célebre** celebrated, famous
**celeste** heavenly
**centinela** sentry, person on watch
**centro** center
**ceño** frown
**cercanía** proximity
**cercano, -a** nearby, neighboring
**cercenar** to clip, cut off
**cerner(se) (ie)** to hover
**ceremonia** ceremony
**cero** zero
**cerrar (ie)** to close
**cerro** mountain
**charco** pond
**chica** girl
**chiste** *(m.)* joke
**chorro** stream, spurt
**choza** cabin
**chubasco** squall
**cielo** sky
**cien** hundred
**cierto, -a** certain, true
**cigarro** cigar
**cimbreante** swaying, sinuous
**cimbrear** to shake, sway, bend
**cintura** waist
**circuito** circuit
**circular** to circulate
**circunstancia** circumstance
**ciudad** *(f.)* city
**claramente** clearly
**claro, -a** clear; of course
**clase** *(f.)* class
**cobrar: te las voy a cobrar** I'll make
 you pay for this
**cocina** kitchen
**cocinar** to cook
**coco** coconut
**cojín** *(m.)* cushion
**cojo, -a** lame
**colección** *(f.)* collection
**colegio** school
**colgar (ue) (gu)** to hang (up)
**comadre** *(f.)* close friend, neighbor
**combate** *(m.)* struggle
**combatir** to struggle

**comentar** to comment
**comentario** comment
**comenzar (ie) (c)** to begin
**comitiva** group, followers
**como** as, like
**cómo** how
**cómodo, -a** comfortable
**compadre** *(m.) (col.)* close friend,
 neighbor
**compañero, -a** companion, mate
**compartir** to share
**competir (i)** to compete
**complacer (zc)** to please
**completo, -a** complete; **por
 completo** completely
**componer** *(irreg.)* to compose
**comprar** to purchase
**comprender** to understand
**comprobar (ue)** to prove
**compromiso** appointment
**comunidad** *(f.)* community
**con** with
**concha** shell
**concreto** concrete
**condado** county
**conducir (zc)** to conduct, lead
**cónico, -a** conical
**conmemorar** to commemorate
**conmigo** with me
**conocer (zc)** to know
**conocido, -a** well known
**conocimiento** knowledge
**conquilióloga** seashell collector
**conquista** conquest
**conquistador** *(m.)* conqueror
**conquistar** to conquer
**consagrar** to consecrate
**conseguir(se) (i)** to get, succeed
**consejo** counsel, advice
**consentir (ie) (i)** to consent
**conservar** to keep
**consideración** *(f.)* consideration
**considerar** to consider
**consistente** consistent
**consolar (ue)** to console
**construcción** *(f.)* construction

**construir (y)** to construct
**consuelo** consolation
**contacto** contact
**contador** *(m.)* counter
**contaminar** to contaminate
**contar (ue)** to tell, relate
**contemplar** to contemplate
**contener** *(irreg.)* to contain, stop
**contento, -a** happy
**contestar** to answer
**continente** *(m.)* continent
**continuación** *(f.)* continuation;
    **a continuación** in the course of
    the program or narrative
**continuar** to continue
**contra** against
**contrariar** to contradict; to upset
**contrario, -a** contrary, opposite
**contraste** *(m.)* contrast
**convenir (ie) (i)** *(irreg.)* to agree,
    to fit, to be suitable
**conversar** to speak
**convertir (ie) (i)** to convert, change
**convulsión** *(f.)* convulsion
**copa** cup, wineglass
**copia** copy
**coquetería** flirtation, a flirting
    manner
**corazón** *(m.)* heart
**coro** chorus
**corregir (i) (j)** to correct
**correr** to run
**cortar** to cut
**cortesía** courtesy
**cortina** curtain
**corto, -a** short
**cosecha** crop, harvest
**costa** coast
**creación** *(f.)* creation
**crear** to create
**creador** *(m.)* creator
**crecer (zc)** to grow
**creencia** belief
**creer** to believe
**criatura** creature
**cristal** *(m.)* glass, window

**crónica** chronicle, a register of
    events
**crueldad** *(f.)* cruelty
**cruz** *(f.)* cross
**cruzar (c)** to cross
**cuadro** picture
**cuadrangular** quadrangular;
    four-sided
**cuadrilla** crew, troop
**cual** which
**cuando** when; **de vez en cuando**
    occasionally
**cuanto** all, all that, as much as;
    **cuanto antes** as soon as possible;
    **en cuanto a** as for
**cuatro** four; instrument
**cuarto** room; fifteen-minute period
**cubierta** deck of a ship
**cuello** neck
**cuenta: darse cuenta de** to realize
**cuentista** *(m.)* storyteller
**cuento** story
**cuerpo** body
**cuesta abajo** downhill
**cueva** cave
**cuidado** care; **tener cuidado (de)**
    to be careful about
**cuidar(se)** to take care of
**culebra** snake
**cultivador** *(m.)* cultivator
**culto** cult, worship
**cumplir (con)** to accomplish, to
    carry out
**cura** *(m.)* priest
**curandero** medicine man
**curar** to cure
**curioso, -a** curious
**curva** curve
**cuyo, -a** whose

# D

**dama** lady
**damnificado, -a** injured
**danés** Danish
**dañar** to spoil, damage

**daño** hurt, loss; **hacer daño a** to hurt
**dar** *(irreg.)* to give; **dar a** to face; **darse cuenta (de)** to realize
**datar** to date
**dato** item of information
**de** of, from
**debajo (de)** below, underneath
**deber** must, ought, should, to owe
**década** decade
**decepcionar** to disappoint
**decidir** to decide; **decidirse (a)** to decide (to)
**decir (i)** *(irreg.)* to say, tell; **es decir** that is; **querer decir** to mean
**declarar** to declare
**decreto** decree
**dedicar (qu)** to dedicate
**defender (ie)** to defend
**defensa** defense
**dejar** to leave, allow
**dejar de** to stop, fail (to)
**delantal** *(m.)* apron
**delgado, -a** slender, slim
**deliciosamente** deliciously
**delirio** delirium
**demanda** demand
**demás** other, rest; **los demás** the others
**demasiado** too, too much
**demorar** to delay
**denso, -a** dense
**dentro** inside
**derecho, -a** right, straight
**desaparecer (zc)** to disappear
**desaparición** *(f.)* disappearance
**desapercibido, -a** unnoticed
**descansar** to rest
**descanso** rest
**descargar (gu)** to inflict a blow; to unload
**descender (ie)** to descend
**descolgar (ue) (gu)** to unhang, take down
**desconocido, -a** unknown, strange

**descubrir** to discover
**desensillar** to unsaddle
**deseo** wish
**desertor** *(m.)* deserter
**descendiente** *(m.)* descendent
**desgraciado, -a** unfortunate
**deshacer** *(irreg.)* to undo
**desigual** unequal
**despedazar (c)** to tear apart; to break
**despedir(se) (i) de** to take leave of, say good-bye to
**despegar (gu)** to separate
**despertar(se) (ie)** to wake up
**despierto, -a** awake
**despistado, -a** absent-minded
**despreocupación** *(f.)* lack of concern
**después** later, afterwards; **después de** after
**destacado, -a** outstanding
**destello** sparkle, beam
**destierro** exile
**destino** destiny, destination
**destrozar (c)** to destroy
**destruir (y)** to destroy
**desventura** misadventure
**detalle** *(m.)* detail
**determinar** to determine
**devoción** *(f.)* devotion
**devolver (ue)** to return
**día** *(m.)* day; **al otro día** the following day; **de día** by day
**diablo** devil
**dialecto** dialect
**diario, -a** daily; newspaper
**dificultad** *(f.)* difficulty
**difundir** to diffuse
**difunto** dead, dead person
**digno, -a** worthy
**dinero** money
**dios** *(m.)* god; **Dios** God
**dirección** *(f.)* direction
**directamente** directly
**discurso** speech
**discutir** to discuss

**diseño** design
**disfrazar (c)** to disguise
**disfrutar** to enjoy
**disminuir (y)** to decrease
**disolver (ue)** to dissolve
**disparar** to shoot
**dispuesto, -a** ready, prepared
**distinguir** to distinguish
**distinto, -a** different
**diversión** *(f.)* entertainment
**dividir** to divide
**divino, -a** divine
**divisar** to discern, see
**docena** dozen
**doctorado** doctorate
**documental** *(m.)* documentary
**documento** document
**dólar** *(m.)* dollar
**dolor** *(m.)* pain
**dominar** to dominate
**don** *(m.)* ability, talent
**donde** where
**dondequiera** wherever
**dormido, -a** asleep
**dramaturgo** playwright
**drástico, -a** drastic
**ducha** shower
**duda** doubt
**duelo** duel
**dueño** owner
**dulce** sweet
**durante** during
**duro, -a** hard, difficult

# E

**e** and
**echar** to throw; **echarse** to lie down
**edad** *(f.)* age
**edificio** building
**educado, -a** educated; **bien educado** well bred
**efecto** effect; **efectos** personal belongings
**efectuar** to carry out
**ejecución** *(f.)* execution

**ejecutar** to perform, carry out
**ejemplo** example
**elegir (i) (j)** to choose
**elemento** element
**eléctrico, -a** electric
**elocuente** eloquent
**embargo: sin embargo** however, nevertheless
**embravecer (zc)** to become stormy or violent
**emergencia** emergency
**emisora** radio station
**emoción** *(f.)* emotion
**empujar** to push
**enagua** slip (woman's garment)
**enamorar(se) (de)** to fall in love (with)
**enamorado** lover
**encantador, -a** charming
**encantar** to charm, delight
**encanto** charm
**encargar (gu)** to charge, commission
**encargarse de** to take charge of
**encargo** charge, commission
**encender (ie)** to light
**encerrar (ie)** to enclose
**encima** on top
**encontrar (ue)** to find, meet; **encontrarse con** to meet, come upon, find out
**energía** energy
**enfermedad** *(f.)* illness
**enfermo, -a** sick
**enfrente de** in front of, opposite
**engañar** to trick
**enmarcar (qu)** to frame, to cause to stand out
**enmendar (ie)** to mend
**enmudecer (zc)** to become silent
**enojo** anger
**enorme** enormous
**ensayista** *(m.)* essay writer
**ensayo** rehearsal
**enseñanza** instruction, teaching
**ensillar** to saddle up

**ensueño** dream, illusion
**enterarse (de)** to learn, find out
**enterrar (ie)** to bury
**entonces** then; **en aquel entonces** at that time
**entrada** entrance
**entrar** to enter
**entre** between, among
**entregar (gu)** to deliver
**entrenar** to train
**entrevista** interview
**enviar** to send
**envidia** jealousy
**época** time
**equipo** team; baggage, luggage
**equivalente** equivalent
**equivocado, -a** wrong
**erigir (j)** to erect, build
**errar** to miss; to make a mistake
**erudito** scholar
**escalofrío** chill
**escalofriante** scary, chilling (weather)
**escampar** to clear up
**escarbar** to scrape, dig
**escarmiento** lesson, punishment
**escapar** to escape
**escena** scene
**esclavitud** *(f.)* slavery
**esclavo** slave
**escoger (j)** to choose
**escolta** escort
**esconder** to hide
**escondite** *(m.)* hiding place
**escribir** to write
**escritor, -a** writer
**escuchar** to listen
**escuela** school
**esfera** sphere
**espacio** space
**espada** sword
**especie** *(f.)* kind, species
**espectáculo** spectacle
**espectador, -a** spectator
**esperanza** hope
**esperar** to hope, wait (for)

**espeso, -a** thick, dense
**espiritista** *(m. & f.)* spiritist
**espíritu** *(m.)* spirit
**esposa** wife
**esposo** husband
**espuelín** *(m.)* spur
**estación** *(f.)* station
**estado** state, condition
**estar** *(irreg.)* to be
**estatua** statue
**estrago** damage
**estrecho, -a** narrow
**estremecer(se)** to shake
**estrofa** stanza
**estudiante** *(m. & f.)* student
**estudiar** to study
**eterno, -a** eternal
**etiqueta** label
**evidencia** evidence
**evitar** to avoid
**evocar (qu)** to evoke, call forth
**exagerar** to exaggerate
**excepción** *(f.)* exception
**exclamar** to exclaim
**exclusivamente** exclusively
**existir** to exist
**éxito** success; **tener éxito** to succeed
**explicar (qu)** to explain
**explorador, -a** explorer
**explosión** *(f.)* explosion
**explotar** to explode; to exploit
**expresar** to express
**extender(se) (ie)** to extend, spread out
**extensión** *(f.)* extension
**extenso, -a** extensive
**extranjero** foreigner
**extraño, -a** strange
**extraordinario, -a** extraordinary
**extremo** extreme

# F

**fábrica** factory
**fácilmente** easily

**fallar** to miss, fall
**fallecer (zc)** to die
**falta** lack, fault
**faltar** to lack
**fama** fame
**familia** family
**familiar** *(m.)* one belonging to a family
**famoso, -a** famous
**fango** mud
**fantasma** *(m.)* phantom, ghost
**fantástico, -a** fantastic
**fascinar** to fascinate
**favor** *(m.)* favor
**favorecer (zc)** to favor, protect
**favorito, -a** favorite
**fe** *(f.)* faith
**febril** feverish
**felicidad** *(f.)* happiness
**feliz** happy
**femenino, -a** feminine
**fenómeno** phenomenon
**feriado: día feriado** holiday
**feroz** fierce
**fértil** fertile
**fervor** *(m.)* enthusiasm
**fiebre** *(f.)* fever
**fiel** faithful
**fiesta** holiday
**figura** figure
**fijar(se) (en)** to fix, look, notice
**fijo, -a** fixed, firm
**fila** line, row
**fin** *(m.)* end; **al fin, por fin** finally; **al fin y al cabo** at last, after all
**final** *(m.)* end
**finalmente** finally
**fino, -a** fine, of high quality
**firmeza** firmness
**físico, -a** physical
**flamante** brand new
**flecha** arrow
**flor** *(f.)* flower
**florecimiento** flowering, high point
**flota** fleet (of ships)

**flotación: línea de flotación** water line
**fondo** bottom; **a fondo** completely
**forastero** outsider
**formalizar (c)** to formalize
**formar** to form
**forzar (ue) (c)** to force
**fosa** ditch; grave
**francamente** frankly
**frecuentar** to frequent, attend often
**frente** in front, opposite; *(f.)* forehead; **hacer frente a** to face
**fresco, -a** fresh, cool
**frío, -a** cold
**frondoso, -a** leafy
**fruncido: el ceño fruncido** frowning
**frustrar** to frustrate
**fruta** fruit
**fuego** fire
**fuente** *(f.)* source
**fuera** outside
**fuerte** strong
**fuerza** force
**fuga** flight
**fugitivo** fugitive
**fumar** to smoke
**fundar** to found
**furioso, -a** furious
**furtivo, -a** secretive
**fusil** *(m.)* rifle

# G

**gallardo, -a** handsome
**galleta** cookie
**gallo** rooster
**gana** desire; **tener ganas de** to feel like, have a desire to
**ganado** cattle
**ganador, -a** winner
**ganar(se)** to earn, win
**gancho** hook; leg braces
**garganta** throat
**garita** sentry box

**generosidad** *(f.)* generosity
**generoso, -a** generous
**gesto** gesture
**ginebra** gin
**girar** to spin
**gloria** glory
**gobernador** *(m.)* governor
**gobierno** government
**goleta** schooner
**golpe** *(m.)* blow
**golpear** to bruise, hit
**golpetazo** huge blow
**goma** gum, rubber
**gozar(se) (c) (de)** to enjoy
**gracia** grace; **gracias** thank you;
  **gracias a** thanks to
**grado** grade
**graduación** *(f.)* graduation
**grande** big, great
**grandeza** greatness
**grave** grave, serious
**gritar** to shout
**grito** shout; **dar un grito** to shout
**grupo** group
**gruta** underground room
**guagua** (Puerto Rican) bus
**guapetón** *(m.)* handsome guy
**guardar** to guard, keep
**guardia** guard (corps)
**Guayamés** person from Guayama
**guerra** war; **hacer guerra** to wage
  war
**guerrero** warrior
**guía** *(m. & f.)* guide
**guiar** to guide
**güiro** typical Puerto Rican musical
  instrument
**gusto** pleasure

# H

**haber** *(irreg.)* to have, be
**hábil** clever, expert
**habitación** *(f.)* dwelling, room
**habitante** *(m.)* dweller
**hablar** to speak, talk

**hacer** *(irreg.)* to do, make; **hace**
  *(expression of time)* ago; **hacer**
  **caso** to pay attention; **hacerse**
  to become
**hacha** ax
**hacia** toward
**hacienda** plantation
**halagar (gu)** to flatter
**hallar** to find
**hamaca** hammock
**hambre** *(f.)* hunger
**harina** flour
**hasta** even, until, as far as
**hechicero** sorcerer
**hecho** deed
**hembra** female
**hender (ie)** to cut through
**heredar** to inherit
**hereditario, -a** hereditary
**herida** wound
**herido** *(m.)* wounded
**herir (ie) (i)** to wound
**héroe** *(m.)* hero
**heroico, -a** heroic
**hermana** sister
**hermano** brother
**hermoso, -a** beautiful
**herramienta** tool
**hidalgo** nobleman
**hija** daughter
**hijo** son
**hilo** thread
**himno** hymn
**hipnotizar (c)** to hypnotize
**historia** history, story
**historiador** *(m.)* historian
**histórico, -a** historic
**hogar** *(m.)* hearth, home
**hoguera** bonfire
**hoja** leaf
**hombre** *(m.)* man
**hombro** shoulder
**homicida** *(m. & f.)* murderer
**honor** *(m.)* honor
**hora** hour
**hospital** *(m.)* hospital

**hoy** today; **hoy día** nowadays
**hueco, -a** hollow
**hueso** bone
**huir (y)** to flee
**humano, -a** human
**humedad** *(f.)* humidity
**húmedo, -a** humid, wet
**humilde** humble
**humo** smoke
**hundir** to sink
**huracán** *(m.)* hurricane

# I

**identidad** *(f.)* identity
**identificar (qu)** to identify
**idioma** *(m.)* language
**ídolo** idol
**iglesia** church
**iluminar** to illuminate, light up
**imagen** *(f.)* image
**imaginar** to imagine
**imbécil** *(m.)* imbecile, idiot
**imperioso, -a** dominating, absolute
**ímpetu** *(m.)* impetus, fury
**implorar** to implore
**imponer** *(irreg.)* to impose
**importancia** importance
**importante** important
**impresionar** to impress
**improvisar** to improvise, provide
 with the materials at hand
**impulso** impulse
**incendiar** to set on fire
**incidente** *(m.)* incident
**incierto, -a** uncertain
**incluir (y)** to include
**inclusive** even, besides, in addition
**incógnita** unknown element,
 mystery
**incrédulo, -a** incredulous,
 unbelieving
**increíble** incredible
**incursión** *(f.)* attack
**indicar (qu)** to indicate
**indio, -a** Indian

**indio** Indian
**índole** *(f.)* kind, type
**industrialización** *(f.)*
 industrialization
**inesperado, -a** unexpected
**infinito, -a** infinite
**inflexible** inflexible
**influencia** influence
**informar** to inform
**información** *(f.)* information
**infortunado, -a** unfortunate
**ingenioso, -a** clever, ingenious
**iniciar** to initiate, begin
**inmenso, -a** immense
**inmortal** immortal
**inolvidable** unforgettable
**inquietar** to worry
**inquietud** *(f.)* concern, worry
**inspirar** to inspire
**instalar** to install
**instar** to urge
**institución** *(f.)* institution
**instrucción** *(f.)* instruction
**instrumento** instrument
**intentar** to intend
**interacción** *(f.)* interaction
**interesar(se)** to interest, be
 interested in
**interior** interior
**internar** to penetrate
**intervención** *(f.)* intervention
**intervenir** *(irreg.)* to intervene
**introducir (zc)** to introduce,
 put into, insert
**inundación** *(f.)* flood
**inútil** useless
**inútilmente** uselessly
**investigación** *(f.)* investigation;
 research
**invisible** invisible
**ir** *(irreg.)* to go; **irse** to go away,
 to go out or off (electricity)
**irradiación** *(f.)* radiation
**irritar** to irritate
**isla** island
**isleta** small island

islote *(m.)* little island
izquierdo, -a left

## J

jamás ever, never
jefe *(m.)* chief
jíbaro Puerto Rican rural dweller
joven young
joven *(m. & f.)* young man, young
  woman
joya jewel
juego game
juez *(m.)* judge
jugador *(m.)* player
jugar **(ue)** to play
junto near; **junto a** next to, along
  with; **juntos** together
jurar to promise upon oath,
  swear
jurisdicción *(f.)* jurisdiction,
  territory
juventud *(f.)* youth
juzgar **(gu)** to judge

## L

labor *(f.)* work, task, labor
labrar to work, cultivate; to carve
lacio, -a straight
lado side
ladrido bark
lamer to lick
lanzador *(m.)* pitcher
lanzamiento pitch
lanzar(se) **(c)** to hurl, pitch
largo, -a long; **a lo largo de** along
  the length of
lata can
lavar to wash
lealtad *(f.)* loyalty
lectura reading
leer *(irreg.)* to read
legumbre *(f.)* vegetable
leguminoso, -a leguminous
lejos far, far away

levantar(se) to raise, get up
ley *(f.)* law
leyenda legend
liberación *(f.)* liberation
libertad *(f.)* liberty
libertado *(m.)* freed slave
libre free
libremente freely
libreto script
libro book
licenciado title given to lawyers
lidiar to struggle, compete
ligero, -a swift
limitar to limit
límite *(m.)* limit
limón *(m.)* lime
limpio, -a clean
lindo, -a pretty
línea line, figure
lingüístico, -a linguistic
linterna lantern
líquido liquid
lirio lily
listo, -a ready
litera bunk
literalmente literally
literato writer
literatura literature
litoral *(m.)* coast, shore
llama flame
llamar to call; **llamarse** to be
  named
llano, -a flat
llanura plain
llegar **(gu)** to arrive, reach; **llegar a**
  **ser** to become
llenar to fill
llevar to take, carry, wear; **llevar**
  **muletas** to use crutches; **llevar a**
  **cabo** to carry out, achieve
llorar to weep, cry
lluvia rain
lluvioso, -a rainy
lobo wolf
localizar **(c)** to locate
loco, -a crazy

**lograr** to accomplish, succeed
**loma** hill
**lontananza: en lontananza**
  far away
**lucha** fight, struggle
**luchar** to fight
**lucir (zc)** to display, shine
**lucrativo, -a** lucrative,
  money-making
**luego** then, later, in a short time
**lugar** *(m.)* place
**lúgubre** gloomy
**luna** moon; **luna de miel**
  honeymoon
**lustroso, -a** shining, splendid
**luz** *(f.)* light

# M

**macabro, -a** hideous, gruesome
**macana** wooden weapon used by
  the Taino Indians
**macanazo** blow with a *macana*
**machete** *(m.)* machete (a type of
  long knife)
**machetazo** blow with a machete
**macho** male
**madera** wood
**madre** mother
**madrugada** dawn
**maestro, -a** teacher
**mágico, -a** magic
**magnífico, -a** magnificent
**maíz** *(m.)* corn
**majestad** *(f.)* majesty, *(fig.)*
  mountain
**mal** *(m.)* evil
**maldecir** *(irreg.)* to curse
**maligno, -a** bad, evil
**malo, -a** bad
**mamá** mother
**manantial** *(m.)* spring, source
**mandar** to send, command, order
**mando** command
**manejar** to handle
**manga** sleeve

**mango** mango (a tropical fruit)
**maní** *(m.)* peanuts
**manifestar** to manifest
**mano** *(f.)* hand
**mansamente** mildly
**manso, -a** meek, tame
**mantener** *(irreg.)* to maintain
**mañana** tomorrow; *(f.)* morning
**mar** *(m. & f.)* sea; **mar adentro** out
  to sea
**maraca** typical Puerto Rican
  musical instrument
**marcar (qu)** to mark
**marido** husband
**marinero** sailor
**mas** but
**más** more
**mata** plant
**matar** to kill
**matrimonio** marriage, married
  couple
**máximo, -a** maximum, greatest
**mayor** larger, older; older person
**mayoral** *(m.)* overseer, foreman
**medianoche** *(f.)* midnight
**medicina** medicine
**médico** physician
**medida** measure; **a medida que** as
**medio** half, middle; means, way
**mejor** better, best
**melodía** melody
**memoria** memory
**menos** except, less, least; **a menos**
  **que** unless; **al menos** at least
**mentalmente** mentally
**mente** *(f.)* mind
**menudo, -a** small, little; **a menudo**
  often
**mero, -a** mere
**mes** *(m.)* month
**mesa** table
**meter(se)** to put (in), place
**metro** meter (39.37 inches)
**mezcla** mixture
**miedo** fear; **tener miedo** to be
  afraid

**miembro** member
**mientras** while; **mientras tanto** meanwhile
**mil** thousand
**milagro** miracle
**militar** military
**millón** million
**minuto** minute; **a los pocos minutos** in a few minutes
**mirar** to look at
**misa** mass
**misión** *(f.)* mission
**misionero** missionary
**mismo, -a** same, very, self; **ahora mismo** right now
**misterio** mystery
**misterioso, -a** mysterious
**mitad** *(f.)* half, middle
**moda** fashion
**modo** manner, way; **de otro modo** otherwise
**mofar(se)** to make fun of
**mojar(se)** to wet, get wet
**molestia** bother, annoyance
**momento** moment
**monja** nun
**montaña** mountain
**montar a caballo** to ride horseback
**morada** dwelling place
**morena** dark-complexioned girl
**morir (ue) (u)** to die
**mostrar (ue)** to display, show; **mostrarse** to appear
**mote** *(m.)* nickname
**motivo** reason, motive
**mover(se) (ue)** to move
**movimiento** movement
**moza** girl
**muchacha** girl
**mucho, -a** much
**muchos, -as** many
**mudo, -a** mute, silent
**mueble** *(m.)* a piece of furniture
**muerte** *(f.)* death
**muerto, -a** dead
**muestra** sign

**mujer** *(f.)* lady
**mulato/mulata** mulatto
**muleta** crutch
**muñeco** doll
**música** music
**muy** very

# N

**nacer (zc)** to be born
**nacional** national
**nada** nothing
**naranja** orange; sour orange (Puerto Rico)
**narración** *(f.)* narration
**narrar** to narrate, tell
**natal** pertaining to birth
**nativo, -a** native
**naturaleza** nature
**navegar (gu)** to navigate, sail
**neblina** fog
**necesario, -a** necessary
**necesitar(se)** to need, be necessary
**negar (ie)** to deny
**negocio** business
**negro, -a** black, dismal, gloomy
**nervio** nerve
**neto, -a** pure, complete
**ni** neither, nor, not even; **ni... ni** neither . . . nor; **ni siquiera** not even
**nieto, nieta** *(m. & f.)* grandchild
**ninguno, -a** none
**niña** girl, child
**niño** boy, child
**nivel** *(m.)* level
**noble** noble, illustrious
**nobleza** nobility
**noche** *(f.)* night
**nombrar** to appoint
**nombre** *(m.)* name
**normalidad** *(f.)* normality
**norte** *(m.)* north
**nosotros, -as** we, us
**nota** note
**notar** to notice, note

noticia notice, information, news
(item); **las noticias** news
novelista *(m.)* novelist
novena novena (religious ceremony)
novia bride, sweetheart
novio bridegroom, sweetheart
nube *(f.)* cloud
nublado, -a cloudy
nuevo, -a another, new; **de nuevo**
again
número number
nunca never
nutrir to nourish

# O

o or
obedecer **(zc)** to obey
obediente obedient
objeto object
obligación *(f.)* obligation
obligar **(gu)** to oblige
obra work
oculto, -a concealed, hidden
ocupar(se) to occupy, occupy
oneself
oeste west
oficial official
ofrecer **(zc)** to offer
oír *(irreg.)* to hear
ojo eye
ola wave
olla pan, pot
olvidar to forget; **olvidarse de**
to forget
ombligo navel, belly button
onomástico name
opaco, -a opaque, not clear
oponer *(irreg.)* to oppose
oportunamente at the right moment
oportunidad *(f.)* opportunity
oportuno, -a appropriate, right
oración *(f.)* sentence; prayer
orden *(f.)* order (command);
military or religious order;
*(m.)* order (harmony)

ordenanza ordinance, law
organizar **(c)** to organize
orgullo pride
orientar to orient
origen *(m.)* origin
originalmente originally
orilla shore, border
oro gold
ortopédico, -a orthopedic
oscuro, -a obscure, dark
otoño fall, autumn
otorgar **(gu)** to consent, grant
otro, -a other

# P

padre *(m.)* father
padres *(m.)* parents
pagar **(ue)** to pay
país *(m.)* country
paisajito view
pájaro bird
palabra word
palma palm tree
palo stick
paloma dove
pan *(m.)* bread
par *(m.)* pair
para for, to, in order to
paralizar **(c)** to paralyze
parar to stop; **pararse** to stop, stand
up
parcialmente partially
parecer(se) **(zc)** to seem, appear,
resemble
pareja pair (of people), couple
pariente *(m.)* relative
parpadear to wink, blink
parque *(m.)* park
párroco parson
parte *(f.)* part
participación *(f.)* participation
partido party; choice; sporting
match
partir to leave, split, cut in half
pasado, -a past

**pasaje** *(m.)* passageway
**pasar** to pass, happen, go by, suffer
**pasatiempo** pastime, diversion
**pase** *(m.)* movement with the hands
**pasión** *(f.)* passion
**paso** pace, step, pass
**pata** foot, leg, paw of an animal
**patria** native country
**patrón** *(m.)* patron, boss, pattern, model
**patrulla** patrol
**paz** *(f.)* peace
**pecho** breast, chest
**pedir (i)** to ask (for), request
**pegar (ue)** to stick, to hit
**peinar** to comb
**pelear** to fight
**peligro** danger
**pelo** hair
**pelota** ball
**peluquero** barber
**pena** sorrow, hardship
**penetrante** penetrating
**penetrar** to penetrate
**penitencia** penance
**pensamiento** thought
**pensar (ie)** to think, intend, consider
**penumbra** shade, shadows
**peñasco** large rock
**peor** worse, worst
**pequeño, -a** small
**percatar(se) de** to notice, realize
**perder (ie)** to lose
**pérdida** loss
**perdón** *(m.)* forgiveness
**perdonar** to forgive
**perezoso, -a** lazy, lazybones
**periódico** newspaper
**periodista** *(m.)* journalist
**permanecer (zc)** to remain
**permiso** permission
**permitir** to permit

**perplejo, -a** perplexed
**pero** but
**perro** dog
**perseguidor** *(m.)* pursuer
**perseguir (i)** to pursue
**pertenecer (zc)** to belong
**perturbar** to disturb
**pesadilla** nightmare
**pesado, -a** heavy
**pesar** to weigh; **a pesar de** in spite of
**pesca** fishing
**pescador** *(m.)* fisherman
**pescar (qu)** to fish
**petición** *(f.)* petition, request
**pez** *(m.)* fish
**picar (qu)** to bite, prick
**picardía** mischief
**pie** *(m.)* foot
**piedra** stone
**piel** *(f.)* skin
**pieza** piece
**pintoresco, -a** picturesque
**pirata** *(m.)* pirate
**piso** floor
**pistola** pistol
**pizarra** board
**plácido, -a** tranquil, quiet
**planear** to plan
**planeta** *(m.)* planet
**planta** plant
**plástico** plastic
**platicar (qu)** to talk
**platillo volador** *(m.)* flying saucer
**plato** plate
**playa** beach
**plaza** public square
**poblar** to populate
**pobre** poor
**poco, -a** little, few; **a los pocos minutos** a few minutes later; **poco a poco** little by little
**poder (ue) (u)** *(irreg.)* to be able, can, may
**poesía** poem
**poeta** *(m. & f.)* poet

**policía** *(m. & f.)* police officer
**policía** *(f.)* police (department)
**política** politics
**político, -a** political
**pon** *(m.)* (Puerto Rican) ride
**poner** *(irreg.)* to put, place; **ponerse**
  to put on; **ponerse a** to begin;
  **ponerse en camino** to start out
**por** by, for, through, during; **por**
  **eso** therefore, for that reason,
  because of
**porque** because
**porta** gun port
**portarse** to behave, act
**posar** to perch
**poseer** to possess
**posible** possible
**poste** *(m.)* post
**postizo, -a** artificial, false
**pozo** well
**prácticamente** practically
**practicar (qu)** to practice
**precaución** *(f.)* precaution
**precipicio** precipice
**precisamente** precisely
**predecir** *(irreg.)* to predict
**preferir (ie) (i)** to prefer
**pregunta** question
**preguntarse** to wonder
**prender** to turn on, to light
**preocupación** *(f.)* worry
**preocupar** to be concerned, worry
**preparar** to prepare
**preparativo** preparation
**presa** prey
**presenciar** to witness, to present
**presente** present
**preso** prisoner
**presunto, -a** presumed, would-be
**pretendiente** *(m.)* suitor
**prevalecer (zc)** to prevail
**prevenir (ie) (i)** *(irreg.)* to prepare,
  advise, caution, prevent
**primero, -a** first
**principal** main, principal
**principio** beginning

**prisionero** prisoner
**probar (ue)** to try, taste
**problema** *(m.)* problem
**procesión** *(f.)* procession
**proclamar** to proclaim
**procurar** to get, obtain
**producto** product
**productor** *(m.)* producer
**profecía** prophecy
**profesional** professional
**profeta** *(m. & f.)* prophet
**profundo, -a** deep, profound
**prohibir** to prohibit
**prometer** to promise
**pronto** quick, soon; **de pronto**
  suddenly
**pronunciar** to pronounce
**propiedad** *(f.)* property
**propio, -a** own, self, suitable
**propósito** purpose; **a propósito**
  by the way
**proseguir (i)** to continue, pursue
**protección** *(f.)* protection
**protectora** protector
**provisión** *(f.)* provision; *(pl.)*
  supplies
**provocar (qu)** to cause
**próximo, -a** next
**proyectar** to project, scheme, throw
**proyecto** plan, project
**prueba** test, proof
**pueblo** town, people, nation
**puente** *(m.)* bridge, deck of a ship
**puerto** port
**pues** since, then, well
**puesta del sol** *(f.)* sunset
**puesto** place, position
**punto** point; **a punto de** on the
  point of
**puñal** *(m.)* dagger

# Q

**que** that; **lo que** what; **en lo que**
  while
**qué** what

**quedar(se)** to be, be left, remain, stay
**quemar** to burn
**querer (ie)** *(irreg.)* to want, love
**querido, -a** beloved, dear
**quien** who
**quinto, -a** fifth
**quitar(se)** to take off, move away

# R

**radiación** *(f.)* radiation
**raíz** *(f.)* root; **a raíz de** immediately after
**ramo** bouquet, branch
**rápidamente** quickly
**raro, -a** rare, strange
**rato** short time, while
**rayo** beam, ray of light, thunderbolt
**razón** *(f.)* reason; **tener razón** to be right
**real** real, royal
**realizar (c)** to carry out, fulfill, realize
**realmente** really
**reanudar** to renew
**rebelde** *(m.)* rebel
**rebelión** *(f.)* rebellion
**rechazar (c)** to expel, reject
**recibir** to receive
**recipiente** *(m.)* container
**recobrar** to recover
**recoger (j)** to gather, pick up
**reconocer (zc)** to recognize
**recordar (ue)** to remember; to recall
**recreo** recreation
**rectitud** *(f.)* rectitude, honesty
**recuperar** to recover
**recurso** recourse
**red** *(f.)* net
**redondo, -a** round
**referir (ie) (i)** to refer
**reflejo** reflex
**reflexión** *(f.)* reflection, meditation

**reflexionar** to reflect
**refrescar (qu)** to refresh
**refugiarse** to take refuge
**regañar** to scold
**regresar** to return
**rehén** *(m.)* hostage
**relato** account, report
**relevo** replacement
**remendar (ie)** to mend
**remojar** to soak
**remontar(se)** to date from
**rendir(se)** to give up, surrender
**reparación** *(f.)* reparation, repair
**repartir** to divide
**repente: de repente** suddenly
**repetir (i)** to repeat
**reponerse** to collect oneself
**reportero** reporter
**repugnar** to disgust
**resbaladizo, -a** slippery
**resbalar** to slip
**rescatar** to rescue
**residente** *(m.)* resident
**resignación** *(f.)* resignation
**resistencia** resistance
**resistir** to resist
**respetar** to respect
**respirar** to breathe
**restablecer (zc)** to reestablish
**resuelto, -a** resolved, determined
**resultado** result
**resultar** to result, to turn out to be
**retener** *(irreg.)* to hold, retain
**retroceder** to retreat, withdraw
**reunión** *(f.)* meeting
**reunir** to gather, join; **reunirse (con)** to meet with
**revelar** to reveal
**revista** magazine
**rey** *(m.)* king
**rezar (c)** to pray
**ribera** shore
**rico, -a** rich
**rigurosamente** strictly
**rincón** *(m.)* corner
**río** river

**rival** *(m.)* rival
**robar** to rob
**rodar** to roll
**rodear (de)** to encircle, surround
**rodilla** knee; **ponerse de rodillas** to kneel down
**rogar (ue) (gu)** to beg, implore, request
**rojo, -a** red
**románticamente** romantically
**romántico, -a** romantic
**romper** to break
**rondar** to pester, flirt with
**ropa** clothes
**rosario** rosary
**rótulo** sign
**rugido** roar
**rumbo** direction; **rumbo a** on the way to
**rústico, -a** rustic, unpolished
**ruta** route

# S

**saber** *(irreg.)* to know
**sabroso, -a** delicious
**sacerdote** *(m.)* priest
**sacrificar (qu)** to sacrifice
**sagrado, -a** sacred
**sala** living room
**salir** to leave
**salvaje** *(m.)* savage
**salvar** to save
**sangre** *(f.)* blood
**sano, -a** safe, healthy
**santo, -a** holy, saint
**santuario** sanctuary
**sardina** sardine
**satisfacer** *(irreg.)* to satisfy
**secretaria** secretary
**secreto** secret
**sedante** *(m.)* sedative
**sedoso, -a** silky
**seguida** succession; **en seguida** immediately, at once

**seguir (i)** to continue, follow
**según** according to, as
**segundo** second
**seguramente** surely
**seguridad** *(f.)* security, safety
**seguro, -a** safe, sure
**semana** week
**sencillo, -a** simple
**seno** breast
**sentar(se) (ie)** to sit down
**sentir(se) (ie) (i)** to be sorry, regret, to feel (good, bad, etc.)
**seña** sign, gesture
**señor** *(m.)* mister, sir, gentleman
**señora** lady, Mrs.
**señorita del manto prieto** fly; *(lit.)* young lady in a black cloak
**separar** to separate
**ser** *(irreg.)* to be
**ser** *(m.)* being
**serenata** serenade
**servicial** obliging
**severamente** severely
**servir (i)** to serve
**sí** yes
**siempre** always; **siempre que** whenever
**sien** *(f.)* temple (side of the head)
**significar (qu)** to mean, signify
**siguiente** following; **al día siguiente** on the following day
**silencioso, -a** silent
**silvestre** wild
**símbolo** symbol
**simétrico, -a** symmetrical
**simplemente** simply
**sin** without; **sin embargo** nevertheless
**sino** but, if not
**sinuoso, -a** winding
**sitio** place
**situar** to situate, locate
**sobre** over, about
**sobrenatural** supernatural
**sobrepasar** to surpass
**sobreviviente** *(m.)* survivor

**sobrevivir** to survive
**sobrino** nephew
**sociedad** *(f.)* society
**sol** *(m.)* sun
**soldado** soldier
**soledad** *(f.)* solitude
**solemne** solemn
**soler (ue)** to be in the habit of
**solitario, -a** solitary, lonely
**sollozar (c)** to sob
**solo, -a** alone, single
**sólo (solamente)** only
**soltar (ue)** to let go, let loose
**solución** *(f.)* solution
**sonar** to sound
**sonido** sound
**sonreír(se) (i)** to smile
**sonrisa** smile
**soñar (ue)** to dream; **soñar con** to dream of
**soplar** to blow
**soportar** to endure, suffer
**sorprender** to surprise
**sorpresa** surprise
**sospechar** to suspect
**sostener (ie)** *(irreg.)* to support
**subida** ascent
**subir** to go up, climb
**súbitamente** suddenly
**sublevar** to revolt
**subterráneo, -a** underground
**suceder** to happen
**suceso** event
**sucumbir** to succumb, die
**suelo** floor, ground
**suelto, -a** loose
**sueño** sleep, dream
**suerte** *(f.)* luck, fate
**suficiente** sufficient
**sufrir** to suffer
**sugerencia** suggestion
**sujetar** to fasten
**sumamente** very, greatly
**supersticioso, -a** superstitious
**suplir** to supply, take the place of
**sur** *(m.)* south

**sureste** *(m.)* southeast
**surgir (j)** to appear, rise
**suroeste** *(m.)* southwest
**suspirar** to sigh

# T

**tabaco** tobacco
**tabla** board
**táctica** tactic
**tal** such; **tal vez** perhaps
**tallar** to carve
**tamaño** size
**también** also
**tambor** *(m.)* drum
**tan** so, as; **tan... como** as . . . as
**tanto** so (as) much; **mientras tanto** meanwhile; **tantos** so (as) many
**tapar** to cover
**taparrabo** loincloth
**tardar** to delay; be late
**teatro** theater
**tedio** boredom
**tejer** to knit, weave
**tema** *(m.)* theme
**temblar (ie)** to tremble
**temblor** *(m.)* tremor
**tembloroso, -a** trembling
**temer** to fear
**tempestad** *(f.)* storm
**temporada** season
**temporal** *(m.)* tropical storm
**temprano** early
**tener** *(irreg.)* to have
**tentación** *(f.)* temptation
**tentar (ie)** to tempt
**tercero, -a** third
**terminar** to end
**término** term, end
**termo** thermos
**ternura** tenderness
**terraza** terrace
**terreno** land, ground
**tertulia** informal conversation group
**testigo** witness

**testimonio** testimony
**texto** text
**tez** *(f.)* complexion
**tiempo** time
**tienda** store
**tiendita** small store
**tienta: a tientas** feeling one's way
**tierra** earth, ground, land
**tildar** to label
**tirar** to throw, fire, shoot
**titulares** *(m.)* headlines
**tocar (qu)** to ring, sound, touch, play
**todavía** still, yet
**todo, -a** all, every
**tomar** to take
**tono** tone
**tonto, -a** silly
**tormenta** storm, tempest
**torno: en torno** about
**toro** bull
**trabajador** *(m.)* worker
**trabajar** to work
**tradición** *(f.)* tradition
**traer** *(irreg.)* to bring, carry
**traje** *(m.)* clothes, dress, suit
**trampa** trap
**tramposo, -a** trickster
**tranquilamente** calmly
**tranquilo, -a** tranquil
**trapo** rag
**tras (de)** behind, after
**trasladar** to transfer, move
**trata** trade
**tratar** to treat, deal with; **tratar de** to try to
**trato** treatment
**tremendo** tremendous
**trepar** to climb
**tribu** *(f.)* tribe
**tribunita** small tribune
**tripulación** *(f.)* crew
**tripulante** *(m.)* member of crew
**tristeza** sadness
**tronco** trunk
**tropas** troops

**tropel** *(m.)* crowd, throng
**trozo** piece
**trueno** thunder
**tumba** tomb
**turno** turn

# U

**u** or
**ubicar (qu)** to locate
**últimamente** lately
**último** last
**único, -a** only
**unirse** to join
**universo** universe
**usar** to use, wear
**utilizar (c)** to utilize

# V

**vacaciones** *(f.)* vacation
**vacilar** to hesitate
**valer (g)** to be worth; **valerse de** to use
**valiente** brave
**valle** *(m.)* valley
**valor** *(m.)* value, courage
**vals** *(m.)* waltz
**vano, -a** vain
**variante** *(f.)* variant form
**variar** to vary
**varios, -as** various, several
**vaso** glass, cup
**vecino, -a** neighbor
**vela** candle, sail (of a ship)
**velar** to look after
**velocidad** *(f.)* velocity, speed
**veloz** fast
**vena** vein
**vencer (z)** to conquer
**venerar** to honor, venerate
**vengar (gu)** to avenge
**venir** *(irreg.)* to come
**ventanilla** small window
**ver** *(irreg.)* to see
**verano** summer

**verdad** *(f.)* truth; **de verdad** really; **¿verdad?** right?
**verde** green
**veredita** narrow path
**vergüenza: te debería dar vergüenza** you should be ashamed of yourself
**vestir(se) (i)** to dress (oneself), to wear
**vez** *(f.)* time; **de vez en cuando** from time to time; **otra vez** again
**viajar** to travel
**viaje** *(m.)* trip, journey, voyage; **viaje de ida y vuelta** round-trip journey
**viajero** traveler
**víctima** victim
**vida** life
**viejito** old man
**viejo, -a** old
**viento** wind
**vigilar** to watch
**villa** settlement
**vinculado, -a** tied, linked
**violento, -a** violent
**Virgen** *(f.)* Virgin (Mary)
**virtuoso, -a** virtuous

**víspera** eve, night before
**vista** sight, view
**visto** seen; **por lo visto** apparently
**vivir** to live
**vocabulario** vocabulary
**volar (ue)** to fly
**volcar (ue) (qu)** to turn over
**volibol** *(m.)* volleyball
**voluntarioso, -a** headstrong, stubborn
**voluptuoso, -a** voluptuous
**volver (ue)** to return, turn; **volver a** to . . . again
**voz** *(f.)* voice
**vuelta** turn, return
**vulgo** common people

# Y

**y** and
**ya** already, now, yet
**yesquero** tinderbox
**yuca** yucca (plant with edible root, from which flour is made)

# Z

**zorra** fox

# Other Spanish-language books in this series:

**Stories from Mexico**—Genevieve Barlow and William N. Stivers
The sixteen legends in this collection chronicle some 1,500
years of Mexican history and mythology, allowing you to explore
Mexico's rich folk legacy (160 pp.).

**Stories from Latin America**—Genevieve Barlow
Originating from across Spanish-speaking Latin America, these
sixteen legends span 2,000 years, from Indies tales predating
Columbus to stories of the Colonial period ending in the
nineteenth century (192 pp.).

**Stories from Spain**—Genevieve Barlow and William N. Stivers
The eighteen fascinating legends in this collection range over a
thousand years of Spanish history and occur in different regions
across Spain (176 pp.).

*If you are unable to locate any of these titles,
ask your local bookstore to order them.*

CPSIA information can be obtained
at www.ICGtesting.com
Printed in the USA
BVHW040859050519
547121BV00029B/105/P